# 另一只眼看中国城镇化

唐黎明 著

中国建筑工业出版社

图书在版编目（CIP）数据

另一只眼看中国城镇化／唐黎明著．—北京：中国建筑工业出版社，2017.5
　ISBN 978-7-112-20722-0

Ⅰ．①另…　Ⅱ．①唐…　Ⅲ．①城市化－研究－中国
Ⅳ．①F299.21

中国版本图书馆CIP数据核字（2017）第094075号

责任编辑：焦　扬
责任校对：王宇枢　焦　乐

　　　　　　　　　　另一只眼看中国城镇化
　　　　　　　　　　　　唐黎明　著
　　　　　　　　　　　　　　＊
中国建筑工业出版社出版、发行（北京海淀三里河路9号）
　　　　各地新华书店、建筑书店经销
　　　　　北京锋尚制版有限公司制版
　　　　北京云浩印刷有限责任公司印刷
　　　　　　　　　　　　＊

开本：880×1230毫米　1/32　印张：4¾　字数：91千字
2017年11月第一版　　2017年11月第一次印刷
定价：36.00元
ISBN 978-7-112-20722-0
（30364）

**版权所有　翻印必究**
如有印装质量问题，可寄本社退换
（邮政编码100037）

# 前言

中国的城镇化模式自有其规律,既不同于完全市场经济状态下的城镇化,也不是完全计划经济时代的城镇化,具有半市场化半行政化的特点,政府之手和市场之手,在不断地博弈,推动着中国的城市、经济和社会发展。概而言之,中国的城镇化发展,主要依赖于"一个中心 三个基本点",即以政绩考核体制为中心,环绕着户籍制度、土地制度以及行政化的城镇等级制度三个基本制度,它们相互作用,构建了现有的城市格局和经济发展模式,也种下了城市问题的种种因果。

随着中国的城镇化率步入50%大关,中国的经济和社会也步入了风险警戒期,具体表现在地方债务高企,交通拥堵、环境污染等城市病丛生,房地产业一业独大,导致了产业空心化,而中国的城市也表现出两种极端的形态,一边是城市膨胀百病丛生,一边是人口外流产业塌陷。

中国的经济社会步入后土地经济时代,原有的房地产业发展模式、城市发展模式都难以为继,需要构建新的评价模型,从空间、经济和社会三个层面来系统推进城镇化的进程,而不同发展阶段的城市,更要寻求差异化的因地制宜的发展模式。

为此,我们需要用全新的眼光来看待中国的城镇化。大项目对地方政府而言,意味着什么?人口,对城市而言是红利还是负担？超级大盘会带来什么样的超级问题？决定城镇化品质的是什么？所有的这些问题，都与城镇化的速度和规模密切相关。

那么，一个理想的城市，应该是怎样的呢？笔者把城市分成不同的要素板块：商业区、开发区、大学园区、公园绿地、广场、交通枢纽……结合国内外的正反案例，以更加人性化的视角来解读这些城市要素。哪些建设是成功的？哪些是误入歧途？哪些是行政之手干预的？哪些是自下而上自由生长的？……孰可为孰不可为，一目了然。

城镇化的发展从来都不是一个政府乃至个人就能主观决定的，它是一个渐进的历史过程，从其演进过程来看，一定有人口、产业、资源、知识的集中和变迁，这是一个系统的工程，缺一不可。这意味着，传统的低成本、由政府强制推进的"土地城镇化"战略必须得到调整和纠正，而由于上一个阶段城市问题和矛盾的累积，未来中国将进入一个高成本城镇化时代。

本书从一个全新的视角，来解读富有中国特色的城镇化进程。既有对城市研究的理论思考，也有对最新的城镇化政策的研究分析，并基于客观中立的视角，对政策进行预判和趋势分析。近年来提得火热的人口城镇化、大城市的承载力、中央和地方的财税关系等问题，笔者几年前就在各大媒体上呼吁提示过，并提出了自己的见解。正是基于客观中立的第三方视角，笔者的城市研究才更能经受住时间的检验。

# 目录

**第一部分　打开中国城镇化黑箱的钥匙　001**
　　如何理解中国城镇化模式？　002
　　政府之手与市场之手的博弈　009
　　多规合一：行政约束，还是顺势而为？　013

**第二部分　城镇化率过半进入风险警戒期　019**
　　城镇化率过半对中国意味着什么？　020
　　假如中国的城市也可以破产　026
　　　　单一产业衰败引发的连锁反应　027
　　　　假如中国的城市也可以破产？　029
　　解决地方债务的三种途径　032
　　GDP主义演变为房地产主义　035
　　城市发展走向极端：膨胀的北京　037
　　城市发展走向极端：衰败的东北　041

**第三部分　从传统城镇化到新型城镇化　045**
　　后GDP时代地方该如何发展？　046

房地产冰山破碎的声音　050
新型城镇化的评价标准是"三极兼顾"　053
少数民族地区发展不可盲目跟风　058
特色小城镇建设的内涵与方向　063
京津冀协同发展须处理好四大关系　069

## 第四部分　另一只眼看城镇化　075

城市之疾在于太急　076
　　昆明，十年城市大跃进　080
　　北川，失控的城市规模与尺度　082
　　购物中心，跑太快将成烂摊子　085
富士康，大项目对地方政府的意义　089
鄂尔多斯，资源型城市如何转型？　093
如何发掘城市无形资产的综合价值？　097
文化体验才是古镇旅游的生命力　103
贵阳超级大盘的超级问题　105
封闭式小区如何推倒最高的围墙？　108

## 第五部分　多元的城市要素分析　113

南阳，被摧毁的水运古镇　114
清迈，城市活力源自多样性　118
误入歧途的旧城改造　122
开发区的关键是产城融合　128
流水线上的大学园区　132

以多元街区重塑城市多样性　135
公园综合体与菜市场的创新　139

# 结语　142

# 作者简介　143

# 第一部分

# 打开中国城镇化黑箱的钥匙

中国的城镇化模式，不同于西方自下而上自然形成的城镇化，更多的是政府和资本之手，自上而下的大力推动。以政绩考核体制为中心，辅以户籍制度、土地制度与行政化的城镇等级制度，它们共同构建了现有的城市格局和经济发展模式，也种下了城市问题的种种因果。

## 如何理解中国城镇化模式?

十八大之后,新型城镇化再度被上升到国家战略的高度,成为舆论关注和讨论的热点,甚至引发股价和房价的波动。新型城镇化与以往城镇化路径最不一样的,就是从城市规模的扩张,转向城市质量的提升。

过去三十年的城镇化模式,主要依赖于"一个中心 三个基本点",即以政绩考核体制为中心,辅以户籍制度、土地制度与行政化的城镇等级制度,它们共同构建了现有的城市格局和经济发展模式,也种下了城市问题的种种因果。

所谓城镇化,无非就是农村人口进入城市的过程。在市场经济国家,在没有任何限制人口迁徙的政策环境里,农民进城,或者是城市间人口迁徙的选择,只是受市场因素的影响,政府无法干预他们的选择。人们可以自由地选择大城市,也可以选择中小城市,生活成本、就业机会和居住环境是最重要的考虑因素。

然而,中国近代的城镇化进程,从一开始就是伴随着对人口的限制。20世纪50年代末限制农村人口进入城市,目的是把农民强制束缚在土地上,低价提供农产品,用以维持城市居民的低生活成本,确保国家通过获取剩余价值来完成工业化积累。实际上,户籍制度不仅仅限制了城乡人口的流动,也通过集体经济组织按照户籍制度分配土地和福利,限制了村庄之间的人口流动。

户籍制度的约束,使得名义城镇化率和实际城镇化率之间有很大的差距。截至2015年年底,我国的名义城镇化率达到56.1%,但实际城镇化率只有39.9%左右。这16个百分点的差距,是生活在城镇里的"半城镇化人"没有城镇户口,没有享受到相应的公共服务和配套设施的差距。城镇化,意味着人们的生产方式、职业结构、消费行为、生活方式、价值观念都将发生极其深刻的变化。而半城镇化,是这部分人在生活和消费等方面都没有达到城市居民的水平,是一种典型的城镇化质量不高的表现,也难以拉动消费和内需。

与户籍制度相呼应的是,土地制度也是决定现有城市格局的关键制度。

城镇化最重要的载体是土地,过去三十年的城镇化路径,是建立在政府获取低成本的土地基础上,并以此支撑城镇化的粗放扩张。

2001年,我国开始实行土地收购储备制度。在这一制度下,地方政府通过土地收购储备机构成为土地一级市场的垄断供应者。在土地收储制度之外,还辅之以"招拍挂",以及"价高者得"的参与规则,使政府成为土地市场的垄断供应者,保证了地方政府成为土地出让收益的最大受益者,也使得部分地方政府严重依赖于土地财政,除了卖地卖房别无其他发展路径。现行的土地制度,是城市规模不断摊大饼式的扩张,城镇化质量却乏善可陈的主要原因。

这种低成本的粗放扩张,是以损害农民权益为代价的。农民付出了土地,却没有享受到土地增值的利益,征地冲突不断,也埋下了社会不稳定的导火索。实际上,一个城市可出让的土地是有限的,一个城市的扩张也是有边界的,要改变这种现状,就必须以保护农民的土地权益为切入点,遏制城市的粗放扩张。

简单来说,土地制度改革的一个重要内容就是要提高农村土地价格,要让土地收益更多地进入农民自己的口袋。这样一方面可以提高城镇化推进的成本,逼迫各地放慢推进城镇化的速度,从而更加注重土地的集约使用,提高土地的使用效率。另一方面,农民通过土地制度改革拿

到更多财产收益,既可以缩小日益严重的贫富差距,也可以推进其更好更快地融入城市,从而进一步提高中国城镇化的质量。

未来中国的城镇化进程,将处在"后土地经济"时代。各地方政府需要看到,土地不仅是商品,可以拿来买卖,土地以及以土地为基础的城市更是宝贵的资产,需要用心经营,使之增值。在经营土地方面,除了盖房子,地方政府需要在城市管理、公共服务、产业升级等诸多方面下功夫,推动资产价值的提升,并从中开辟新的地方财源,形成良性循环。

除了土地制度和户籍制度外,行政等级化的城镇化体系,也在扩大城乡差距和城市与城市之间的差距方面推波助澜。城镇化与城市化虽然只有一字之差,但是却决定了资源和政策的不同投向。中国的城市是等级化的金字塔形结构,从行政级别而言,市可以管县,县可以管镇,镇可以管乡……上下级城市间存在着公共财政、公共资源管理和分配的关系,使得资源和资金可以更多地流向行政等级较高的城市。

城镇分级固然没错,全世界都有不同等级的城镇,但这是自然形成的结果,有着内在的经济逻辑和社会逻辑。中国等级化的城镇体系,是由行政等级造成的,是人为造成的格局。这种等级体系的实质是:资源随权力聚散,而不是由市场定价,这样的流动是以损害弱势地区的利益为基础的。

高等级的城市通过行政手段和等级优势获取更多的资源,日新月异地完善着自己城市的基础设施,改善着本地居民的公共福利。而级别较低的城市,赖以为生的资源可能被剥夺,本应大力改善的城市基础设施和公共福利,因地方财政薄弱也显得遥遥无期。京津和周边的城市差距,无疑是比较极端的例子。北京作为首都,依托行政权力,吸收着周边乃至全国的资源供给,留下的却是贫穷,甚至因此而形成了著名的环京津贫困带。

行政等级化的城镇体系,与政绩考核体制纠结在一起,加剧了大城市与中小城镇间的不平衡。自20世纪90年代以来,市委书记、市长的晋升途径和城市的利益关系就变得紧密起来。一方面是政绩的利益,一个城市的发展好坏,可以作为政绩的最好体现;另一方面,高等级的行政官员一般都住在等级较高的城市里,城市的基础设施和居住环境的改善,直接和官员的个人居住环境发生了关系。这使得资源和公共服务更倾向于向高等级的城市集中。

因此，决定中国城市格局的三个基本制度，基本上都是围绕着"唯国内生产总值（GDP）是从的政绩考核机制"打转。

1953年，联合国发布"国民经济核算体系及其附表"，GDP是核心指标，此后，GDP受到部分经济学家追捧。在中国，GDP成为官员考核的重要指标。GDP考核的致命缺陷在于：它仅仅是流量指标，无法反映经济发展与社会进步是否协调，贫富差距是否控制在合理范围内，环境是否可持续等。从拆迁矛盾到环境问题，从形象工程到群体事件，这些尖锐的社会问题，都可以从既有GDP考核体制中找到制度根源。"唯GDP是从"的政绩考核体制，鼓励官员只注重经济指标的片面增长，而忽视社会的均衡发展；只盯着数字的增长，而忽视民生的幸福；只看到表面的光鲜，而忽视发展带来的巨大社会成本。城市也成了彰显政绩的舞台，大广场、大马路、大景观无处不在，非大不足以说明当政者的丰功伟绩，然而这样的发展，必然是不可持续的。

新型城镇化，呼吁的是新的发展模式，展现的是新气象，不再是以往依靠基建投资驱动经济发展，不再是过去依靠大拆大建的表面城镇化，更多的是制度层面的变革，尤其是政绩考核制度、户籍制度、土地制度和行政等级化的城镇制度的变革，否则，新瓶装旧酒，缺乏制度变革，何来新型一说？

## 政府之手与市场之手的博弈

在城市开发建设、规划管理的舞台上，政府的主导色彩总是那么浓厚。实际上，城市开发建设的成功，取决于政府行为与市场力量的互动。城市是一个复杂的生态系统，这个系统有的要素是由政府主导，有的要素却要由市场来决定，政府和市场和谐互动，才能让这个巨系统正常运转。例如城市的空间规划虽然由规划部门、国土部门主导决定，但空间规划好以后，随之而来的城市建设资金来源、城市的经济是否繁荣、产业业态……这些要素却是由市场来决定的。

随着城市功能的不断发展，需要城市不断扩张，无论是批发市场搬迁、新区开发、旧城改造还是地下空间的发掘，市场才是城市空间扩张的动力。另一方面，政府对城市的规划、建设、公共政策设计，体现了城市发展的空间要求。成功的城市建设和管理，来自于政府行为、相关企业运作和市民需求的联合与匹配，单纯以政府行政控制为主导，或者单纯以市场需求为导向，都会走向失败。

因此，我们需要在政府和市场之间寻求新的平衡，理清政府与市场的关系。

欧美国家的城市规划建设，虽然也是由政府来主导，但是有三个关键因素，某种程度上保证了规划的弹性和科学性。

一是土地私有制。土地私有制，使得土地的交易成本会遵循市场价值和个人的意愿，此外还辅以严格的政府预算监管，这使得大规模的拆迁建设，具有很高的时间成本和经济成本，这也使得政府在进行投资建设时，更加理性。

二是完善的公众参与机制。公众参与几乎贯穿在公共政策制定、城市规划公示、基础设施建设，甚至邻里建房这样的大小事件中，使得公众的诉求能反映在经济发展和城市规划建设中。以在国内引起无数冲突的征地拆迁为例，欧美国家也有对土地的强制征收法规，如法国的公用征收制度，英国的土地强制购买，以及美国的国家征用权，而这些制度，都是在万不得已时才为之的手段，同时也会为防止政府滥用此项权力，进行严格的规范。这样的公众参与机制，一方面保证了公众的利益，另一方面，也减少了因拆迁征地造成的激烈冲突。

三是对规划的长期坚持。以大伦敦规划为例，1937年，英国政府为解决伦敦人口过于密集的问题，成立了"巴罗委员会"，开始研究伦敦的城区建设和人口疏解问题。历时8年，1945年，才正式发表大伦敦规划。1946年制定新城法开始新城建设，直到20世纪80年代，大伦敦规划的新城建设政策，才正式打上休止符。又过了接近20年，2004年2月，《大伦敦空间发展战略》——关于伦敦未来30年发展的新的战略发展规划，才再一次出台。很难想象，这种情况能在"大干快上"的中国出现。我们看到的是一任领导一任规划，无论是城市总体规划，还是五年发展规划，总是在频繁的变动之中。批发市场搬迁这样的城市规划变更，就意味着空间变更、负载于空间之上的产业生态发生变更，以及随之而来的相关利益格局的变更。这种频繁的变更，会给经济发展和社会稳定带来更多的不确定性。

显然，国内大多数的城市规划和经济规划，都缺乏这三个要素。这使得我们的政府成了全能型政府：空间规划、基础设施建设、产业选择、招商引资等往往由政府一揽子包干，且大包大揽干到底。大包大揽，可能会获得比较高的利益，同样的，由此带来的风险，也得由政府来承担。

以旧城改造为例，现在的拆迁改造政策，把政府和居民都逼到了尴尬的境地。十多年前，城市开发刚进行的时候，征地拆迁的成本对于政府而言，尚可承受。随着经济的发展，居民的维权意识和法律意识提高，征地拆迁不仅程序上越来越难，一些居民也将此看作一生难得一遇的发财机会，即使是几平方米的房子，也漫天要价。这一方面推高了土地成本和建设成本，另一方面也因为想着迟早要拆迁，对于房屋也疏于维护，任其荒废破败，加大了城市管理的难度。政府也因为拆迁成本的不断上涨，进退维谷。原本可以充满活力和文化色彩的旧城区，因为政府和居民的博弈陷入了恶性循环。

批发市场的拆迁同样如此，随着电子商务的冲击，一些批发市场的店铺，本就陷入了经营危机，原本可以通过市场自然淘汰。如果政府依靠行政指令强制拆迁，反而会给这些快倒闭的商铺一个漫天要价的借口。

产业的形成和繁荣，是自然而然的结果，很少会因为某地建设了一个什么园区就凭空繁荣起来，反而是因为这个地方原本就有类似的需求，即便因为一时的行政指令迁移出去，只要有需求和市场存在，还是会再度生长起来。人口聚集和疏解也是如此，人们很难因为规划或户籍的限制来或不来某个城市，人们选择离开或留下，是一种理性选择，是由这个城市的发展机会和生活成本来决定。

政治就是人们为了实现一个更有效率、更美好的生活让渡自己决定的权利。人口疏解也好，批发市场搬迁也罢，城市的快车轰隆隆向前，普通民众若没有共享城市发展的成果，这一切也就失去了原有的意义。

## 多规合一：行政约束，还是顺势而为？

近年来，全国不少省市都提出了不同规划的"多规合一"问题，但提法与做法有很大不同，大致可以归类为"3+1"或"3+2"的模式，其中的三规，主要指发改部门编制的"五年规划"或"产业规划"、国土资源部门编制的"土地利用总体规划"和城乡建设部门编制的"城乡规划"，这通常被合称为三规。剩下的一规，则是各地根据自身的发展阶段和问题进行自主选择，有的是人口规划、有的是交通规划、有的是主体功能区规划等等，不一而足。

我们以城市总规、土地利用规划、产业规划和人口规划这四规为例，来看看推进多规合一最大的症结在何处。

从理论上说，经济社会发展本身是一个统一的整体，土地利用、空间形态、产业发展与人口规模作为社会经济发展的构成要素，按其内在联系，它们本来就是社会经济发展这个统一体的不同侧面。在发展过程中，它们结成互相影响、互相作用的关系，具有天然的内在联系。

然而在计划经济时期，土地利用、空间形态与产业发展、人口规模之间的平衡全部都是通过计划调节实现的，并形成了一整套制度。其前提条件就是对人口流动的超强控制。城市规划是以人口规模作为基本依据的，而人口规模又是依据一定产业发展对劳动力的需求来测算的，计划生育和对人口流动的控制则保证了人口规模能够符合计划预期。在这里，人口规模的可控性在土地利用、空间形态与产业发展、人口规模的关系中实际扮演了一个"锚"的角色，为实现土地利用、空间形态与产业发展、人口规模的平衡提供了一个"不动点"，成为四者平衡的基本依据。并以此为基础，逐一推演实现了土地利用、空间形态与产业发展、人口规模之间的基本平衡。

但是，随着市场经济的发展，经济要素和人口的自由流动，传统计划体制下实现土地利用、空间形态与产业发展、人口规模四者之间基本平衡的条件不复存在。而我国各种规划，包括土地利用规划、空间规划、产业规划和人口规划这四个规划都形成于计划经济时期，改革开放后虽然作了相应的调整，但从规划编制的指导思想一直到规划的编制技术都不同程度地留有传统计划经济的印记，如何适应市场经济的需要，进一步改革现有的规划体系，使其发挥应有的作用就成为一个迫切需要解决的问题。

要解决这个问题，除了需要约束政府的行为以外，还需要深刻研究市场的作用和经济发展的规律性，尤其是产业规划、人口规划的发展趋势和规律，我们可以从各资源要素的自由度，来分析这几个规划的约束力。

实际上，就规划的本质而言，就是以行政指令、政策或规则来引导或约束资源要素的流动。土地规划、空间规划、产业规划和人口规划四个规划，它们各自对要素的约束强度、约束效果都是不一样的。因为我们国家是土地公有制，政府可以控制土地要素的流动，土地规划和空间规划对土地资源的约束强度最大，约束效果也相对较好，这两个规划的结合度也很好。

但是产业规划和人口规划却不一样。产业规划，受行政力量和市场自身力量两个方面的博弈牵扯。一方面，政府可以通过一些税收优惠政策来引导产业发展的方向，但另一方面，产业的发展和选择更多的是受经济发展自身规律的影响，哪里有利润，就在哪里发展适宜的产业。这就是导致很多地方虽然界定了要做什么文化产业园、高新技术产业园等，但最终落进去的产业并非如此，体现在空间上就是，空间规划和产业规划之间出现了一定的差距。

而人口的流动，自由度就更大了。人们选择去哪里生活、工作，基本上是受当地的生活成本、发展机会和环境的影响，中国虽然有户籍制度约束人口的流动，但随着户籍制度背后的福利差距日益缩小，户籍对人口的约束会越来越小。因此，人们对居住地和工作地的选择，是非常理性的决定，很难因为人口规划而停止流动。

可见，土地、空间、产业和人口四个要素的流动的自由度是不一样的，土地要素和空间要素相对较强，产业要素受行政和市场两股力量的牵扯，人口的流动是最自由的。反映在规划强度和规划效果上，就是土地规划和空间规划的约束效果最好，产业规划和人口规划则很难依靠规划来约束。

因此，与其费尽心力约束，不如顺势而为。落实在具体政策上，一是要为产业规划和人口规划预留更多的弹性空间。例如，政府在制定产业规划时，可以多一些方案和选择，在制定人口规划时，则需要强调它的长期性和系统性。二是要注重政策创新，政策的制定多考虑经济、人口自身的发展规律。只有顺势而为，以市场的力量引导产业和人口的流动，才能真正做到多规合一。

# 第二部分

# 城镇化率过半进入风险警戒期

中国的城镇化率跨过50%的大关以后,城镇化与其说是一种发展成就,不如说是一条社会动荡的危险警戒线。快速的城镇化,人口不断聚集,使得城市空间和社会阶层都处于一种不稳定的状态,同时还带来了高能耗、环境污染、交通拥堵等城市病患,这些诉求和隐患,最终都将会转化为政治诉求,因此50%的城镇化率警戒线,并非只是一个无关轻重的数字,它决定了中国未来的城镇化方向,是走向另一阶段的重要关卡。

## 城镇化率过半对中国意味着什么？

对于城镇化率，学界是存在不同看法的。在研究了全球典型城市的城镇化率与政治事件的关系之后，笔者发现城镇化率达到50%实际是一条与城市风险相关的、重大而关键的分界线。伊朗发生霍梅尼革命，城镇化率是50%；土耳其发生军事政变，进入漫长的军政府统治时期，城镇化率也是50%。还有巴西以及历史上的英国，历史告诫我们，每当城镇化率高于50%的时候，社会就易于陷入动荡不安的风险之中。

警戒线的内涵意义包括有两个层面的意思，一是城镇化速度，二是城镇化率。拉美的城镇化进程就是鲜活的例子。2010年，拉美已成为世界上仅次于北美的城镇化率最高的地区之一，实际还是世界上最彻底城镇化的地区。拉美城镇化率高达79.6%，仅次于北美的80.7%，高于欧洲的72.8%、大洋洲的70.2%、亚洲的39.8%和非洲的37.9%。值得注意的是，欧洲城市人口比重从40%提高到60%，经过了50年，而拉美国家令人匪夷所思地仅用了25年。

但拉美国家在城镇化的高速公路跑得过快也带来了两大问题，一是人口大量聚集在超大城市引发一系列的问题。在拉美城镇化过程中，普遍出现了城市人口高度集中在一个或少数几个城市的现象，通常是首都所在的城市。例如秘鲁首都利马集中了全国人口的30%以上，乌拉圭首都蒙得维的亚集中了全国人口的52%、阿根廷首都布宜诺斯艾利斯集中了全国人口的45%、巴拿马高达66%……人口的过度集中，以至于现在全世界四分之三的发展中国家政府都在宣称要限制人口的迁徙。

二是贫富差距严重分化，贫民窟伴随着城镇化无处不在。这种情况的形成值得我们高度警惕，因为巴西为代表

| 国家与城市 | 城市化率 | 时间（年） | 事件描述 | 政治结果 |
|---|---|---|---|---|
| 英国，曼彻斯特、伦敦 | 50% | 1850 | 饥荒，法律抢占土地，爱尔兰人大迁徙，霍乱导致数百万人死亡 | 英国19世纪出现司法大改革 |
| 墨西哥 | 50% | 1960 | 外部人控制经济，通胀，大庄园主经济结束，战争和混乱 | 发生革命，军人政权下台 |
| 委内瑞拉，加拉加斯 | 60% | 1961 | 超级迅速的城市化，汇率管制，价格管制，持续动荡 | 1999年，查韦斯上台，玻利瓦尔革命 |
| 巴西，里约 | 54% | 1970 | 提供补助，立法禁止迁徙，设置路障，出动全副武装的军队 | 贩毒，贫民窟扩张失控 |
| 伊朗，德黑兰 | 50% | 1979 | 高房租，通胀，抢地，强制驱离，出动推土机激烈对抗，被活埋 | 伊斯兰革命，霍梅尼上台 |
| 土耳其，伊斯坦布尔 | 50%（均） | 1985 | 十几万人的暴力冲突，开火镇压，社区出现政党活动，25万逮捕 | 1980年发生军事政变，实行军管 |
| 印度，孟买 | 52% | 2005 | 3000个贫民窟，教派对抗，城市游击战，爆炸案频发 | 湿婆神军党声称要捍卫"土地之子" |
| 中国 | 51% | 2012 | 2011年群体事件18.25万件，为1999年的570% | 宏观调控，房地产限购 |

的很多拉美国家都曾经历过经济增长率年均10%以上的情况，号称"巴西奇迹"。这种快速工业化导致了人口的集中，也导致了贫富分化严重，最后形成了严重的城市问题。城镇化的速度越快，城市风险集中爆发的可能性就越大，巴西、墨西哥等拉美国家的城镇化进程表明，当城镇化率超过50%的时候，总收入分配差距往往呈现大幅扩大的趋势。

早在2012年，就有调查发现中国社会基尼系数超过0.5，这证明中国可能存在同样的危险。伴随着快速的城镇化，城市管理压力大增，而压力之下，城市政策更加粗放，这又导致了大量社会矛盾的积累，社会系统出现混乱，城市生活品质出现整体下降，犯罪率上升，普遍的道德溃败等。这些问题和矛盾日益累积，城市社会张力趋于极限，这样的一幅图景并不像亮丽的物质环境那样会令人感到乐观。

所以客观地说，当城镇化率达到50%以后，会呈现出一边是动荡，一边是机遇的转折状态，这个阶段的主要特征是充满不稳定性，一方面是城市空间的不稳定性，另一方面是社会阶层和生活方式的不稳定性。城镇化就是越来越多的人口不断涌入城市，在城市里居住、生活、就业的动态过程，人口的流动和空间的变化，影响着城市的空间格局、经济、生活方式以及不同人群的社会需求，这些不稳定因素累加在一起，成为社会动荡的潜在原因。

我们必须看到，首先，城镇化率达到50%以后，城

市空间加速扩张，对土地的巨大需求极易引发社会冲突。城镇化率达到50%之后，城市可以利用的土地相对越来越少，无论是从农民的手中征收耕地，还是从旧城改造中拆迁安置，成本日益高涨，但偏偏此刻城镇化又进入加速期，刹车不易，土地问题导致的社会冲突将会特别剧烈。据统计，在中国，土地问题已占全部农村群体性事件的65%，已成为农业税取消后，影响农村社会稳定和发展的首要问题和焦点问题。

不仅中国如此，越南等国也面临同样的困境，2008年至2011年4年间，越南监察总署共接受和处理各地群众投诉、控告案件67.3万起，其中70%与土地有关，群体性事件比2008年增加64.5%，社会矛盾日益突出。在历史上，伊朗和土耳其都曾出动全副武装的军队、警察和推土机，这引发了社会族群的剧烈对抗，积累了仇恨，导致社会不稳。

其次，城镇化率达到50%以后，大量人口进入陌生的城市，外地人、本地人，农民工、城里人等不同层级的人口对各自权益的诉求，会产生大量的冲突和摩擦。

近年来，在一些东南沿海乡镇，外来工与本地人发生的群体性摩擦、冲突明显增多。在珠三角和长三角城镇化农村，本地人与外来人口倒挂现象十分严重，有的行政村，本地人只有一两千，外来工有三四万。巨大的人口红利，为本地人的优厚福利提供了源源不断的财力。很多外来工不但享受不到村镇集体福利，反而还是各种名目乱收费的对象，2011年的增城骚乱，本质上就是本地人和外地人争夺权益的冲突。

农民以"外来工"的身份进入城镇，形成了城市二元结构，经济地位、社会地位迥异的两个群体朝夕相处，情形变得复杂起来。外地人与本地人之间的收入差距、公共福利差距，一些地方政府和本地居民对外来工的制度歧视、意识歧视、管理歧视和生活歧视，使一些"外地人"开始萌发群体性对立情绪，这些冲突和对立情绪日益累积，极易爆发。

不仅是农民工层级的外地人与本地人的冲突，中产阶级的权益诉求也日益增多。随着城镇化率跨越50%大关，中产阶级的规模也在不断壮大，这些新成长的中产阶级，受过良好的教育，在社会生活中拥有一定的发言权，会成为一股不可忽视的力量。这几年京沪的中产阶级，联名要求放开两地的异地高考门槛，就是诉求之一，他们的需求如果持续得不到关注，也会埋下动荡的引子。2009年伊朗大选引发的骚乱，就是与伊朗中产阶级的崛起相伴相随的，如果伊朗政府内的保守派势力不愿正面回应中产阶级的诉求，他们终将会失去这群规模最大、最有活力的社会群体的支持。

快速的城镇化，人口不断聚集，使得城市空间和社会阶层都处于一种不稳定的状态，同时还带来高能耗、环境污染、交通拥堵的城市病患，这些诉求和隐患，最终都将会转化为政治诉求，因此50%的城镇化率警戒线，并非只是一个无关轻重的数字，它决定了中国未来的城镇化方向，是走向另一阶段的重要关卡。

## 假如中国的城市也可以破产

曾经的"汽车之城"底特律,在 2013 年 7 月 18 日向法院申请地方政府破产保护。由于底特律的债务非常庞大,目前欠下 180 多亿美元的长期债务和数十亿美元的短期债务,是目前美国规模最大的城市破产案。如果以"底特律模式"来处理中国地方政府的债务,允许财政"收不抵债"的地方政府宣布破产,那会是怎样的情形?

然而,由于中国地方政府是典型的"无限责任政府",中央和地方实行分税制,也使得即便地方政府出现大规模的债务,中央政府也都会买单。这样的体制和架构,并不意味着中国的城市发展可以高枕无忧,情况恰恰相反,中国特有的财政结构以及监管机制,可能使被掩盖的问题和债务日益累计,城市可能面临更大的风险。

## 单一产业衰败引发的连锁反应

底特律是典型的单一产业城市。所谓成也萧何,败也萧何,单一的汽车产业造就了底特律的辉煌,也促使底特律走向衰败。

在过去的几十年里,底特律从曾经的辉煌逐步跌入绝望和荒芜的深渊,最终走向破产,原因有很多。例如美国汽车工业萎缩,沉重且不可持续的养老金负担,市政府过度投资华丽而低效的项目……从城市研究的角度,底特律的致命缺陷在于失去了城市应有的多样性,缺乏多元的产业支撑,无力吸引多样的人口,当然也没有多样的文化……这些缺陷使底特律失去了吸引力,难以聚集更多的产业和人口,企业、工厂、精英人士,不断地离开这所城市,城市的税收越来越少,负债越来越多,城市步入恶性循环,最终走向了破产。

产业单一的工业城市相对封闭独立，它们有大量的工厂，雇佣着成千上万名技能水平较低的工人，除了向世界各地提供廉价的商品之外，这些工厂自给自足，独立于外面的世界。相对于制造业的一枝独秀来说，产业的多元化更有利于经济的发展，因为产业有兴衰周期。当日本的汽车产业崛起，美国的汽车产业逐渐衰落，底特律没有形成其他可替代的产业，城市也不可避免地走向了衰败。

汽车产业衰败，加剧了社会动荡，错误的政策又使精英和企业家相继离开这座城市，雪上加霜。1967年7月底特律爆发了一场大规模的黑人骚乱，继而整个六七十年代骚乱不断，社会动荡以及犯罪率不断上升，许多可以离开底特律的人，义无反顾地一去不回。1950~2008年期间，底特律的人口下降了100万以上，占人口总量的58%。1970年，底特律有一半白人，到了2008年，白人只剩10%。白人离开，在带走税基的同时，也将底特律变成一个贫穷的、单一的黑人"孤岛"。

为了发展旅游业，底特律政府先后建设一些高档宾馆和赌场，希望将黑人孤岛打造为"美国黑人文化中心"。不过这个中心并没有展现黑人的正面精神，反而充斥着帮派火拼、枪支、吸毒和犯罪等负面特征。底特律陷入了恶性循环：经济低迷造成贫民窟蔓延，贫民窟刺激犯罪率上升，高犯罪率制约经济增长……实际上，这正是单一的人口结构造成的后果：企业家和精英离开，使得这个城市缺乏企业家精神和创造力，贫困人口大量聚集，无法走出衰败的泥沼。

高犯罪率和贫民窟现象使底特律"不适合居住"。2007年，底特律在全美暴力犯罪城市榜上排名第三；2008年，密歇根州三分之二的谋杀案发生在底特律；2010年，该城市连续第四年成为联邦调查局（FBI）眼中美国"最危险的城市"。这些触目惊心的犯罪数据和负面称号，加剧了人们离开底特律的步伐，底特律成了一座被抛弃的城市。

不可否认，底特律政府也曾为走出萧条做过努力。比如规划大体量的建筑设施，改变城市形象，并试图以固定资产投资，拉动城市经济发展。然而，这个错误的决策，不仅无助于改变现状，还加剧了城市债务。成功的城市通常会进行大规模的建设，因为经济繁荣促使人们愿意花钱购买房屋等固定资产。但是建设投资是城市繁荣的结果，而非原因。当底特律的人口不断减少，房屋和设施已经供大于求，过度建设无异于饮鸩止渴。

通过城市改造和大建设，塑造出的光彩照人的城市表象，不过是政客们的政绩工程，底特律需要的，不是大量的建筑和设施，它需要的，是多元产业和企业家精神。

## 假如中国的城市也可以破产？

有意思的是，美国各级政府对底特律破产申请的处理方式，可能会让许多地方官员大跌眼镜：美国联邦政府对于底特律市的破产没有大包大揽。在底特律提出破产申请之后，奥巴马政府实际拒绝了援助这个曾经辉煌的破产城市，底特律所在的密歇根州政府也拒绝了援助的要求，甚至认为底特律破产是"必经之路"。

底特律与中国许多城市，有太多的相似之处：以为城镇化就能拉动经济发展，不惜背负大规模的债务，用于固定资产投资和城市建设，城市建筑遍地都是，却空无一人……从债务规模上看，底特律市政府的债务总共只有180亿美元，中国地方政府的债务总量曾经高达10.7万亿元人民币（合1.65万亿美元），个别城市的债务数量不一。部分城市的债务可能高达数千亿元人民币，远远高于底特律市的债务规模。

如果能够用底特律模式来思考处理中国城市的问题，对于同样遭受严重地方债务压力的中国城市，会有哪些参考价值？

首先，底特律的破产表明，产业的繁荣，才能带来城市的持续繁荣，大量的投资建设，并不能拉动城市走出困境。一个城市空间，如果没有产业的繁荣，无论多宏伟壮丽都难以持续，最多变成漂亮的鬼城和空城。花费巨资修建的鄂尔多斯新城、昆明呈贡新城……这些赫赫有名的鬼城、空城都具有共同的特征：宽阔的马路、巨大的广场、宏伟的建筑……巨额债务支撑起来的城市面貌，不可谓不漂亮，但是缺乏产业的支撑，仍然人车寥落，一片萧条。空城、鬼城的形成，实际上就是城市空洞化，缺乏产业和社会支撑的结果。厘清城市建设和经济发展的关系，看懂产业和空间之间的互动，有助于转换地方政府错误的发展思路。因为，城镇化是经济发展的结果，而不是原因。

其次，地方债务是否应该由中央和全民买单？过去，中国城市处理债务问题的逻辑大致是：地方政府开发土地搞招商引资，债务积累到一定程度，地方债务上交中央并且变成银行的不良资产，然后国家出面用全民资产来偿还债务，处理不良资产。此后再放开搞活，中央和地方政府推出经济刺激方案，进入新一轮的扩张和债务循环，重复同样的结果，并且风险程度更为剧烈。如此庞大规模的地方债务，是否应该由中央买单，还是学美国政府任其破产？实际上，对于发展策略的失误，做决策的官员需要承担责任，不能上届债务下届还，留下一堆烂账让继任者去处理。因此，地方政府破产只会让地方政府在发展问题上更冷静，避免盲目投资。

最后，允许地方政府破产，有助于推动城镇化良性发展。发展策略失误会导致地方经济增长的停顿，这是很自然的成本，即犯错误的成本。对于出错的地方，劳动人口、资本、人才会流向更有前途的城市，流向那些没有犯错或少犯错的地方。从全局看，这是一种良性的调整，可以使资源配置更加有效。一旦地方真破产，发展停顿了，市场才能真正发挥作用，否则市场永远只能是一个政策错误的"买单者"。

总之，底特律模式的价值点，实际上是一种政府决策责任的分级模式，如果承认"发展才是硬道理"，那么承担相应的发展责任也应该成为"硬道理"，无限制的兜底，只会促使地方政府无底限发展。

# 解决地方债务的三种途径

中国的地方债务问题,正在引发越来越多的关注,尤其在底特律市政府申请破产保护,审计署对地方债务进行摸底调查以后。巨额的地方债务背后,是地方政府对土地财政的强烈依赖,过去的数十年间,中国的城镇化和经济发展,如吸毒一般患上了严重的土地财政依赖症。

比较全国各地的发展模式,大多是依靠投资拉动经济发展,依靠土地财政来推动城镇化。反映在城市空间上就是一轮又一轮的举债造城:"举债扩张—卖地还债—再举债扩张—再卖地……"以此来扩张城市规模，拉动经济发展。当单一的城市核心区发展成熟以后，通过旧城改造或腾笼换鸟等方式，将部分功能向城市新的副中心转移。政府也依赖出售副中心的土地，来获取土地出让金，以支撑旧城改造和新区建设所需的大量资金……只有依靠不断地扩张，不断地做大财政窟窿，才能支撑后续发展。某种程度而言，中国的城镇化和经济发展，已经跌入了"庞氏骗局"的陷阱。

许多地方动辄一到两倍的新城区扩张规模，实际上，以当地的人口、自然资源、经济产业和公共配套，根本不足以支撑如此大规模的扩张，由此出现空城鬼城，也就是意料中的事了。

欠债终须还，那么，这么多的地方债务，该由谁来买单呢？

过去，中国城市处理债务问题的逻辑大致是：地方政府开发土地搞招商引资，债务积累到一定程度，地方债务上交中央并且变成银行的不良资产，然后国家出面用全民资产来偿还债务，处理不良资产。此后再放开搞活，中央和地方政府推出经济刺激方案，进入新一轮的扩张和债务循环，重复同样的结果。这样的模式，只是把风险不断地推后累积，而危机爆发只是时间问题。

第二种可能性就是任其烂尾和荒废。每一轮的大投资，总是伴随着大项目大建设，一旦地方债务危机爆发，当初热火朝天的大项目，只能中途烂尾，给投资企业和地方政府带来沉重负担。以近年来各地的摩天大楼建设热潮为例,未来带来的可能并非荣耀,更多的可能性是烂尾和半途而废。我们梳理公开信息发现,不仅在北京,很多一二线城市都在打造地标性的摩天大楼,大楼的规划高度从 470 米、524 米、838 米节节攀升,投资额 90 亿元、100 亿元甚至 300 亿元,都是超级手笔。企业和地方政府的财力,能否支撑如此高额的建设成本、运营成本,值得深思。

第三,就是进行财税方面的系统改革。如果我们对地方政府举债造城的发展模式追根溯源,分税制难辞其咎。在财权事权相割裂的分税财政体制中,财力相对集中在中央、省级;事权分散在地方政府,地方政府承担着城市基础设施建设、公共服务配套建设等具体事项,这些设施投资周期长,回报相对较低,地方财政显然无法支撑。虽然有中央财政的转移支付,但还是杯水车薪。某种意义上来说,财权和事权不匹配是土地财政的根源之一。因此,需要在中央政府与地方政府之间重新调整财权事权,减小地方财政压力,才能从根源上改变举债造城的发展模式。

从 2012 年开始,地方政府陆续进入还债高峰期,任由危机爆发会把中国经济拖向深渊,项目烂尾会带来巨额资金和土地的浪费,这都是各方不愿意看到的情景。唯有通过渐进式的系统改革,才能免于全民买单的悲剧。

# GDP 主义演变为房地产主义

土地出让金的急剧下滑，让地方政府感受到了巨大的压力。为了应对土地收入急剧下滑的状况，地方政府八仙过海，各显神通。上海和广州，效仿香港的勾地制度，云南允许开发商分期支付或延期缴纳土地出让金……各种明里暗里的博弈，都在为房地产调控松绑。

现行的土地财政模式，客观上解决了土地不能流转的问题和城市改造建设资金匮乏的问题。过去的三十年里，土地财政累积的种种弊端，还可用光鲜亮丽的 GDP 粉饰，现在，这种发展模式的弊端一一浮出水面，许多地方的城镇化遭遇瓶颈。

在"以地生财"和"经营城市"的理念指导下，地方政府短视的经济增长方式，将城镇化简单地等同于卖地建房，各地陷入了极端城镇化的泥沼，"GDP 主义"演变成了更加极端的"房地产主义"。在土地财政的指挥棒下，无论是文化产业、旅游产业，还是其他新兴产业，搞到最后多半成为房地产业。各种有利于房地产发展的概念，诸如养老地产、文化地产等概念也被轮番热炒。各种城市建设的项目也被打包为"十大基础设施"、"十大中心镇（小城市）"和"十大产业项目"……概念在变，口号在变，实质却没变，换个马甲上阵，依然围着房地产打转。

极端的房地产主义,致使大部分的资金在地方政府、银行和开发商之间转来转去,创造的多是泡沫而非财富。有资料爆出楼市"灰色产业链":楼盘开发成本只占房价20%,开发商能够拿到其中40%的利润,余下超过40%的利润全部被相关职能部门"层层消化"掉了。统计表明,在整个房地产的建设、交易过程中,政府税、费收入占到了房地产价格的将近30%~40%。如果再加上占房地产价格20%~40%的土地费用,地方政府在房地产上的收入占到整个房地产价格的50%~80%。在欧美国家,地价、税费相加大约只占到住房价格的20%左右。而这些财富大都流进地方政府以及房地产相关部门的口袋,并基本上游离于政府预算控制之外。

在土地财政模式下,中国的产业结构严重畸形,整个中国的经济正在堕落成一个击鼓传花的财富游戏。过去的10年里,从海尔、联想这样的制造业龙头,到中化、中国兵器这样的央企大佬,都纷纷跻身于房地产业。房地产一业独大,抽走了大部分的资本和优秀的企业家资源。如果说民间资本流入地产会对中小型制造业的产业转型和升级有影响的话,那么大型央企关乎的是国计民生的更宏大意义的产业升级。长此以往,将直接导致我们赖以发展的制造业日益萎缩,逐渐丧失竞争力,最终使经济呈现"空心化"。对于中国经济而言,当前最大的危险即在于此。

## 城市发展走向极端：膨胀的北京

近几年来，作为拥有两千多万人口的首都北京，在交通拥堵、人口膨胀和空气污染的城市病中苦苦挣扎。北京市"十三五"规划、在通州建设城市副中心、京津冀协同发展等政策和规划，都是为了疏解过于集中的城市功能，缓解城市病。

在人口和资源相对稳定的状态下，城镇化是最节约资源、最高效率的发展方式。当人口急剧膨胀时，公共配套、基础设施、资源供给如果跟不上人口聚集的步伐，就会带来一系列的问题。

水资源、天然气、电力、煤、交通等基础资源和基础设施是支撑城市发展必不可少的资源。然而，中国的城镇化速度太快，用十年时间走了发达国家二三十年才完成的城镇化进程，城市扩张速度太快，使得许多城市的基础设施和基础资源跟不上城市扩张的步伐。北京作为资源输入型的特大城市，98%的能源靠外地调入。城市快速扩张，人口迅猛聚集导致水、电、煤、气、油等资源供应紧张。据统计，目前北京市的人均水资源量已降至人均100立方米，大大低于国际公认的人均1000立方米的缺水警戒线，缺水形势异常严峻。可见，水资源、电力这一类的资源供应和基础设施限制，将是制约城市规模最后的硬约束。

学校、医院、垃圾处理等公共资源的配套,也远远跟不上城市扩张的速度。中国近年来的郊区城镇化进程,多是开发商唱主角,政府规划配套欠缺,导致学校、医院、商业等公共市政配套严重滞后。据北京市国土局监测,1973~2008年北京市城市面积年均增加近30平方公里。**随着北京的城镇化环环外推,北京近年来人口向外迁移的数量越来越大。**城区迁移人口中,78.4%的人口迁到了近郊区,14.3%的人口属于城区之间迁移,7.3%的人口迁入远郊区县。然而,在这一进程背后,却是问题重重。**当大量城市移民搬到近郊居住后,因为学校、商业、医院等公共资源配套的欠缺,他们的工作、娱乐、消费等生活环节却依赖市中心的供给,每天早晚时段,人群如潮汐般来回转移也就不足为奇了。**北京的城市格局也呈现出两种极端的情况:一方面城市面积不断摊大饼式地扩张,一方面大量的人口往返于城市与郊区,仍然要依托市中心的公共配套资源,城市拥堵也愈演愈烈。

一边是人口不断地聚集,一边是资源的匮乏,城市不堪重负。以至于北京"十二五"规划纲要中,"努力遏制人口无序过快增长"、缓解交通拥堵两项,成为未来五年工作的重中之重。2016年以来,北京出台了种种措施:车辆限购,提高停车费,大幅减少进京的户籍指标,清理地下室出租,以业控人,以房管人……这些措施极具争议性,试图以行政手段强行疏散人口,能否见效尚不得而知。

实际上，除了农村人口向城市转移的历史大背景外，北京的人口过于集中，源于权力和资源的过度集中。作为首都，北京的政治地位带来了强大的资源控制力，这种优势一方面不断地在解决北京面临的资源压力，同时也成为吸引人口的"磁石"，使得北京的人口不断突破之前设定的极限值，矛盾日益加大。放眼望去，跑官的、跑项目的、跑贷款的，什么权力都集中在北京；优势的教育资源、资本资源、大项目、大企业、优良的工作机会都集中在北京。人流如水，逐利而行，资源和权力的集中自然引发人口的集中，如果不解决这些问题，单纯以行政手段强行疏散人口，不仅难有效果，还可能激化社会矛盾。

要缓解上述问题，一方面需要在城市功能和城市经济上做减法。**做减法**，就意味着北京不要预设太多的发展目标。虽然每个城市都想建成经济中心，但北京现在背负了太多其他功能，如经济中心、总部基地、金融中心等，北京正在为太多的战略发展目标所累，只有放弃掉一两个经济目标，才能实现城市的可持续发展。

另一方面是在城市基础设施、公共配套上做加法，进一步拓展城镇化的空间。北京现行的人口控制措施，无非是利用行政手段，使非京籍的民众，不再占用北京有限的公共资源和服务设施，决非长远之计。与其不近人情地驱赶，不如尽量完善公共服务和基础设施，使之能服务更多的人口。**资源的聚集导致了人口的集中**，控制人口只是传统管理方式的一次再博弈，最后一定无功而返。

关于城镇化的极限问题，不仅仅出现在京沪这样的一线城市，二三线城市也存在这样的问题，几乎每年上演的拉闸限电、煤荒电荒就可窥其一斑。中国的城镇化，有必要在下一个发展周期里大力完善现有的基础设施、公共配套设施，适度控制城市规模，并强化对生态环境的保护。一味地扩张城市规模，枉顾城镇化的极限问题，可能会带来灾难性的后果。

## 城市发展走向极端：衰败的东北

如果说城市粗放扩张是城镇化发展的一个极端，另一个极端则是城市的萎缩和衰败。

曾经的计划经济时代的重工业中心，到如今，东北地区成了中国的铁锈地带。2015年初《经济学人》杂志就发文《东北经济再度告急》引发讨论，随后传出东北地区每年净流出人口约200万人……东北经济的衰败还是崛起，引发了媒体和学者的大讨论。东北经济的病症，归结起来大致可以归结为：计划经济的惯性思维、官僚主义、国有企业的低效、恶劣的商业环境、社会阶层固化、缺乏创业创新的精神……每一个层面拓展开来，都可以写出几万字的研究报告。

病症大致如此，那么振兴东北经济的药方该怎么开呢？早在2007年，国家发改委就曾经批复《东北经济振兴规划》，该规划提出了一系列的重大举措、发展目标、重点产业选择和关键政策。8年过去了，这个规划与大多数规划一样，走上了"纸上画画、墙上挂挂"的老路，东三省的经济发展到今天，大家一目了然。

作为传统的老工业基地，东北的衰落有一定的必然性。从西方城市的发展历史看，工业城市的时代已经结束，一些原来以制造业为主的城市已经成功地从生产产品转为生产创意，但大多数仍然继续行走在缓慢而无情的衰退之路上。东北的发展，只是冰山一角，在中国，缺乏竞争力的中小城镇会走向衰败，单一的产业型资源型城镇会走向衰败，商业环境恶劣的城市会走向衰败，沿海人口稀少又拒绝外来人口的城市也会走向衰败。

许多地方政府在提振城市活力时，总是想规划策划几个大项目，但是，大项目难以提振东北经济。这些项目的实施，只是带动一时的固定资产投资，却无法为城市的长期发展提供动力。东北每年流出200万人，建设那么多的道路、桥梁、住宅和写字楼，还有什么意义？不难想象，一意孤行的项目建设的结果，就是大量住宅无人居住，商业综合体空空荡荡，高速公路上三五辆车跑一跑，这是巨大的投资浪费，也增加了政府的财务负担。

那么，国有企业能拯救东北经济吗？作为重工业基地，东北最不缺的就是国有企业。东北的国有企业，大多是大而全或小而全的大厂型企业，这些企业从人员管理、产业带动、技术体系、财税支撑等方面，都具有一定的封闭性，它们自成系统，自给自足，独立于外面的世界。想要依托封闭的国有企业，来带动东北的发展，恐怕非常困难。

从城市的发展史看，工业的衰退会给每一座古老的城市造成冲击。波士顿在19世纪，依托帆船和对华贸易发展起繁荣的航海业，随着蒸汽机船的诞生，出现了衰退。纽约的纺织业曾经非常繁盛，在20世纪60年代末70年代初出现萎缩，10年间丧失了30万个制造业岗位。而这些城市都逐渐从衰退中重新崛起，依靠的不是大项目也不是大型国企，而是多元的产业、多样化的人群、小型的企业家和企业家精神，即重塑城市的多样性。

对于不断衰退的东北而言，复兴之路是漫长而艰难的。在未来的数十年里，它必须放弃对大型国企和重工业的依赖，重新依托小型的创业企业，重塑商业环境，确定合理的税收，在教育和医疗领域提供优质的公共服务。

实际上，在市场经济大行其道的今天，政府能够采取的措施非常有限，我们只能再塑城市的多样性。通过多元的产业、多样的人口、多元的文化等吸引人口和企业，重回东三省。

# 第三部分

# 从传统城镇化到新型城镇化

中国现有的政绩考核体制，使各地方政府陷入了 GDP 锦标赛，这也是地方发展陷入以投资拉动经济的常规增长模式，城市的发展同样陷入无序扩张，中国经济步入新常态，后 GDP 时代的地方政府发展，需摒弃常规思维，更多地关注城市的品质提升、经济的多元繁荣，以及社会的和谐发展。新型城镇化，同样需要新的评价标准。

## 后 GDP 时代地方该如何发展?

GDP 对于基层政府而言,至少有两层意义,一是政治上的晋升机会,二是经济上的财政收入。以至于在过去 30 多年中,各级地方政府几乎陷入了一场 GDP 锦标赛,寻求一切可能的手段进行投资,拉动经济增长。

然而,这样的 GDP 竞赛,以 3~5 年的官员任期为期限,不仅使地方官员的目标短期化,疲于奔命,还使民生、环境等长远目标被忽视殆尽。在这样的指挥棒下,经济建设大干快上,城市扩张粗放无序,地方债务层层累积,招商引资压力山大⋯⋯

急功近利投资拉动的经济增长模式,使得城市面积粗放增长,而国土经济密度日趋低下。从单位土地承载的经济总量来看,我国每平方公里土地上承载的 GDP,即国土经济密度,远低于发达国家。例如,中国与美国的陆地疆域面积相当,但目前中国国土经济密度约为美国的 1/5 到 1/4。再如,韩国国土面积 9.9 万平方公里,与江苏、浙江面积相当,但其国土经济密度是江苏的 2.8 倍,是浙江的 4 倍。

从城镇工业用地投入产出效率来看,我国的一般大城市土地实现的工业产值每平方公里大约只有几亿元,而美国、日本的同类城市约为每平方公里 50 亿元以上,这说明我国的土地集约利用水平与发达国家相比存在明显的差距。工业用地投入产出效率差距也同样明显，北京的工业用地效率仅相当于东京历年平均水平的5.0%左右；每公顷工业用地的从业人员数只相当于东京历年平均水平的12%左右。

实际上，在任何地方，土地资源都是有限资源，国内很多地方在做产业布局的时候，尤其是开始的时候，没有强化经济回报的意识，在土地使用方面大手大脚，结果资源耗尽之后，发展必然无法持续。

以产业园区为例，现在几乎每个县都有工业园，工业园的规划面积，超出实际招商引资的需要，大量的工业用地并没有实际的项目落地，不少建好的标准厂房出现空置。

为了填满那些已建成和规划中的产业园区，各级官员承受着巨大的招商引资压力，我们可以看到许多市委书记市长，像企业董事长一样，在全国飞来飞去推介当地的投资环境，为了吸引企业和项目，地方政府之间甚至陷入了恶性竞争。这样的恶性竞争，对于中西部城市来说，更为惨烈，与东部沿海城市相比，交通不便、缺乏人才，西部城市招商引资方面的竞争，则集中于低地价、低税费等层面。一些城市为了争取项目，甚至采用零地价、高返还等方式，明知赔本的生意还要上马，对环境生态等长期发展目标则更为轻视。

GDP这个指挥棒，是中国城市发展和经济增长的一个关键点，要削弱地方政府追求短期经济利益的冲动，就要从制度的源头出发，改变游戏规则，最重要的是要从省级层面来统筹发展，减低地方政府，尤其是生态环境脆弱的中西部欠发达城市的投资冲动。

首先，要遏制上级政府对下级政府的GDP和招商引资的排名。降低GDP和招商引资在政绩考核中的比重，增加民生、环境等给予民众满意度为基础的，更为综合的指标来代替原有的单一指标。同时，对那些地理条件欠佳、生态脆弱、旅游资源丰富的地方，降低经济指标的权重，增加环境生态民生的权重。

其次，要从省级层面来进行工业园区的规划，避免家家冒烟，县县都有工业园区的现象。工业园区的设置，要综合考虑资源禀赋、地理区位、交通和地形条件，在那些远离大城市、交通不便和地理地形条件复杂的地方，不宜普遍设立工业园。近几年西部地区大搞"园区上山"、"城镇上山"，就是典型的丢了环境搞工业的做法，须从省级层面统筹规划，对不同的城市设置不同的工业发展目标和发展模式。

最后，要加大对欠发达地区的基础设施和公共服务设施的转移支付。有些官员会说，没有了大项目，没有了GDP，城市建设的资金从何而来？对于发达地区来说，需要推进基础设施和公共服务的市场化步伐。对于欠发达地区来说，基础设施和公共服务是发展地方经济、保障民生的重要手段。为了避免欠发达地区过度举债，就需要从中央和省级层面，加大对基础设施、教育医疗等公共服务的财政转移支付，以支持欠发达地区的发展。

种种迹象表明，中国的城镇化需要系统转型，从土地经济转向后土地经济，从GDP主义转向后GDP时代，因此地方的发展模式，官员的执政理念，甚至一些企业的经营模式，都需要发生相应的转变。

## 房地产冰山破碎的声音

城镇化模式转型以后,房地产何去何从?

中国的城市发展步入新常态,房地产业发展也步入了新常态,未来房价会怎么走?房地产泡沫是破灭还是持续?除去中国多地的区域因素,城市发展阶段因素,房价走势肯定会因地而异,有一点却是肯定的,未来不再是房价持续增长的黄金年代。

这意味着,中国房地产的好日子一去不复返了,原有的产业发展模式、项目建设模式、城市运营模式,都走到了另一个转折期。这个转折期，对于地方政府、开发商和房地产业主来说，都是全新的挑战。在应对挑战之前，我们需要看到楼市和房地产产品分化的情况。

首先，楼市野蛮生长的情况将不复存在，取而代之的将是一种分化格局，特别是一二线城市与三四线城市的分化。2013年以来，一二线城市房地产市场持续回暖，商品房和土地成交均量价齐升，且涨幅巨大；而三四线城市楼市则基本平稳，部分城市甚至面临整体下滑的趋势。有数据显示，2013年一线城市房地产市场的供求比仅为0.64，而三四线城市供求比则纷纷高企，如：甘肃省武威市高达8，山西省大同市为5，陕西省延安市是4，均存在严重的供过于求。

一二线城市经济发达、产业雄厚，教育、医疗、就业等优势资源高度集聚，对人口、产业和企业的吸引力大，土地相对稀缺，且供不应求，这也使得一二线城市的房价上涨有一定的人口和产业支撑。三四线城市却没有那么多好运气了。经济发展水平普遍不高，购买力较弱，人口及资金净流出，市场空间本就有限，上一轮调控后，大量房企从一二线城市涌入三四线城市，进一步推动当地商品房库存持续走高，日积月累，形成现在的分化格局。媒体报道最多的空城、鬼城多集中在吸引力较弱的三四线城市。

其次，除了城市的分野以外，房地产产品也将出现分化。普遍的情况是，一二线城市的住宅地产还在苦苦支撑，商业地产、工业地产等却不如人意。而三四线城市则是住宅地产、商业地产、工业地产、写字楼全面哀歌。

以旅游地产为例。自2008年以来,中旅、国旅等传统旅游企业,以及万科、保利等大型房企,都纷纷进军与文化、养生养老相关的旅游地产开发,在三亚、云南等地大肆圈地建房。这些项目大多是以旅游开发为名义,大肆圈地建造"高端住宅",不仅使旅游景区的生态环境遭到破坏,还出现了"空城"、"鬼城"。

没有一个城市可以永久地扩张建设下去,也没有一个国家的房地产泡沫只持续不破灭:日本的房地产泡沫在20世纪90年代破灭,美国2007年遭遇房地产危机,亚洲的韩国、马来西亚、泰国、菲律宾、印尼等都没能幸免,欧洲国家在早期也不同程度地经历了房地产泡沫。影响时间最长的是日本的房地产泡沫,不但沉重地打击了房地产业,还直接引发了严重的财政危机。

地产泡沫破裂对整个社会经济的影响,取决于一国房地产业与其他产业之间的关联程度。关联程度越大,影响越深远。日本的房地产业作为国民经济产业链条的重要一环,通过后向关联影响到10个上游产业,通过前向关联影响到14个下游产业。

中国经济对房地产业的依赖有过之而无不及。地方财政收入、税收、城市建设资金来源、银行金融、关联产业……无一不是依赖于房地产业,泡沫一旦破灭,后果可想而知。从地方政府、房地产企业到投资者,都需要停下脚步,仔细思考如何应对泡沫破灭后的风险,寻找新的发展方向。

## 新型城镇化的评价标准是"三极兼顾"

与城镇化模式转型相对应的是,城镇化的评价标准也需要创新。

中国城市的现实是,有些人只关心城市空间,因为这代表着城市的面貌,也代表着所谓"政绩"。经济学家往往只关心经济增长,认为城镇化是促进经济增长的有力工具,因此中国应该不断追求更高的城镇化率。社会在中国城市中,成为被长期忽略的一角,无论是文化、历史、就业、邻里关系,都在次要位置。这种人为割裂的现状是中国城市的现实,而要改变它,就需要进行理论创新和理论解释,这是构建新型城镇化的起点。

"三极兼顾"就是城市空间、产业繁荣、社会发展"三极"互动,意即从这三个层面的互动关系上,去看待城市问题,而不是单一地从某一个片面或角度去看待城市发展。这一概念的提出,就是要解决城市发展存在的现实问题,实现"后土地经济"框架下的诸多目标。

城市空间、产业繁荣和社会发展三个极轴,互相联系,互相制约,最终达到一个相对均衡的状态。研究城市问题,判断城市发展,都需要从这"三极"切入,缺少任何一极都会有失偏颇,付出高昂的成本和代价。

首先,我们来看看空间和产业的关系。一个城市空间,如果没有产业的繁荣,无论多漂亮都难以持续,最多变成漂亮的鬼城和空城。花费巨资修建好的鄂尔多斯新城、昆明呈贡新城,宽阔的马路、巨大的广场、宏伟的建筑……不可谓不漂亮,但是缺乏产业的支撑,仍然一片萧条。空城、鬼城的形成,实际上就是城市空洞化、缺乏产业和社会支撑的结果。反之,只有产业繁荣,没有城市空间的发展,同样难以为继。中国近年来的城镇化已经证明了这一点。过去的城镇化,大部分是在弥补工业化时代的欠账,工业产值可观,但个体的居住空间微不足道,最终会影响产业的发展;而空间弹性不足,更是会制约产业的结构调整和辐射,无法刺激产业在市场经济下走向繁荣,很多地方的腾笼换鸟,就是为了解决这个问题,可惜成本很高，代价很大。因此，空间和产业，并非谁否定谁的关系，而是互动均衡的关系。

再来看看社会与城市和产业的关系。从城市的发展史来看，城市的形成发展，就是为了社会的发展。城市为社会提供了安全感，人们从广袤的丛林里走出来，就是为了寻求更美好的生活。遗憾的是，发展到今天，一谈起城镇化，很多人更关注空间和产业，反而把社会发展这样的初衷抛诸脑后了。

建筑师、规划师和社会学家在城市领域的失语，使得经济学家们的观点甚嚣尘上，甚至主导了城市政策的制定。经济学家更关心产业，基于学科领域的局限，他们的发言都集中在这个领域，于是出现了很奇怪的现象，似乎城镇化就是为了推动经济增长，城镇化就是实现经济增长的工具，以至于现在地方政府形成了思维定式，一谈到发展就是大投资大建设，一谈到开发建设就是圈地卖地……

中国的城镇化发展，在人口政策、土地所有制、规划的强制性等方面，与其他国家有着天壤之别。例如，就人口在城市中的流动性而言，在市场经济国家，在没有任何限制人口迁徙的政策环境里，农民进城，或者是城市间人口迁徙的选择，只是受市场因素的影响，政府无法干预他们的选择。在不同的环境条件下，人们可以选择大城市，也可以选择中小城市，生活成本、就业机会和居住环境是最重要的考虑因素。然而，中国近代的城镇化进程，从一开始就伴随着对人口的限制。中国特有的户籍制度不仅仅限制了城乡人口的流动，也通过集体经济组织按照户籍制度分配土地和福利，限制了农村村庄之间的人口流动，制造了大量的不公平。不考虑这些因素，盲目参考国外研究成果的城镇化政策，就不仅仅是南橘北枳的问题，而是南辕北辙的方向性错误了。城市作为平台根本无法一下子解决这么多宏观制度问题。城市是一个系统的生命有机体，从形成、发展、成熟到稳定，需要时间自然成长，而不是拔苗助长，盲目扩张，以城镇化率的高低来论英雄。

健康稳定的社会才是宜居的社会，而宜居是城市的唯一指标。并不是把城镇化率当作政绩工程来推进，以为城市里塞进越来越多的人，效率就提高了，城镇化就实现了这么简单。有的地方甚至把城市不断地扩张、建设千万级人口的大城市当作追求的目标，完全忘记了京沪这样的超级城市正在承受的城市病痛：没完没了的交通拥堵、让人窒息的雾霾天气、高昂的物价和房租……很多人忘记了一点，人们到城市中是为了寻求发展机会，为了过更美好的幸福生活，而不是受苦受难。所以，健康的社会才是可持续发展的社会，宜居的城市，才是美好的城市。

因此，构建新型城镇化，就必须理顺城市空间、产业繁荣和社会发展三个轴心之间的关系。

美丽中国、理想城市、绿色建筑、可持续发展……正是城市所追求的目标。中国的城镇化步入了十字路口，过于强大的意识惯性与体制惯性，已经在阻碍经济和城市的发展。要打破这种根深蒂固的内生循环，就必须形成影响城市发展的新的理性力量，建立新的城市价值标准和影响机制，以新的城市开发思想来影响城市建设。

## 少数民族地区发展不可盲目跟风

2014年开启的新型城镇化之路,是立足于各地资源禀赋和发展阶段的城镇化,杜绝一刀切的政策和盲目跟风的发展模式。我国是多民族聚居的国家,少数民族地区的城镇化模式,与内陆地区、沿海地区的城镇化路径,有极大的不同。这些地方大多幅员辽阔、人口分散、文化差异大、经济发展程度低、农业产业比重较大、交通不便,如果盲目复制其他地方的城镇化经验,将会对国家战略、社会稳定和生态环境,带来极大的破坏。

首先必须明确的是，少数民族地区不能走常规的工业化带动城镇化的路径。像西藏、新疆、云南等少数民族地区，大多是崇山峻岭居多的河谷或高原地带，缺少大规模工业化所需要的土地。同时，这些地方大多是国家水资源的安全战略基地，对全国的气候系统起到稳定作用，生态脆弱，难以承受大规模的工业开发。此外，民族地区的公路、铁路、机场等基础设施的建设成本和维护成本很高，难以在短时期内建成大规模工业化所需的交通网络。因此，传统大规模工业化带动城镇化和区域经济的路径，鲜少有适合民族地区的。

少数民族地区的城镇规模小而分散，城镇化只能依靠本土人口循序渐进的市民化，不能寄希望于外来人口。以西藏为例，西藏现有的140个建制镇中，有近一半的常住人口少于1000人，受地形条件和土壤承载力等因素的影响，居民点的分布也分散于高山河谷地带，为当地提供公共服务、建设水电气等能源供应带来了很大的难度。而城镇人口规模普遍较小，且大多数是公务员和家属。受制于气候条件、交通条件，来藏区经商、旅游的人口，多数是夏天从事经营活动，冬天就返回原住地。那些模仿内地划定一个新区，寄希望于外来人口可以买房炒房的做法，在少数民族地区，可以休矣。

一般而言，国家对于民族地区，有许多定向支援的政策和项目。例如交通、能源、市政等基础设施建设、农牧业现代化生产的产业政策；或者农牧民定居、公共服务供给和城镇基础设施建设等城镇化政策。这些政策的特点是自上而下,具有明显计划经济特点,完全寄希望于政策支援,缺乏市场机制,城镇化的速度和质量都堪忧。因此,对于民族地区而言,还需要寻求自身的经济社会发展道路,输血与造血两相结合。

十八大报告,首次提出要建设生态文明,十八届三中全会的各项决议,提出要用制度来保障生态文明建设,并且对少数民族地区要降低对经济的考核,加大对生态文明的考核,财政方面,也要加大对老少边穷地区的转移支付力度。因此,对于那些生态脆弱的少数民族山区,走生态经济的发展路径,是比较好的选择。

首先,农业生产要走品牌化特色化的道路。民族地区的土地资源比较稀缺,生态条件良好,农产品质量高,但是规模小、知名度小,却要与规模化种植的平原地区的农产品竞争,例如高原的生猪,多数在山坡放养,养两三年才能长大,但因为没有品牌支撑的特色农产品不仅不能获得应有的市场价值,反而由于其小、散的特点在市场竞争中处于劣势。这使得农民缺乏种养的积极性,多以自给自足为主。要使民族地区的农民增收,就只能由地方政府牵头,企业和农民参与,打造地方特色品牌,探索品牌强农、品牌富农的发展道路。

其次,开发旅游产业需要注意政府的控制权。少数民族地区因为具有丰富的旅游资源、鲜明的文化特色,发展旅游产业往往成为不二选择。然而,在开发旅游产业的过

程中，招商引资的心情过于急切，往往会将村落、湖泊或山林完全打包给开发公司，地方政府当甩手掌柜，在开发的后期，往往会对整个项目失去控制，要么旅游项目变身为房地产项目，要么对当地生态环境破坏过大，政府和当地居民从旅游产业中获益甚少。为了避免出现这种情况，对于核心旅游资源和具有战略意义的生态资源，政府要适当控制，并且为后期的公共服务设施预留发展空间。

最后，要控制大规模资源开发的冲动，保护好生态环境。民族地区大多有丰富的矿产资源和水能资源，因为对财税的渴求和经济发展意识的落后，许多地方往往对有限的资源竭泽而渔，严重破坏了当地的生态环境。以怒江为例，据统计，现怒江傈僳族自治州境内较大的66条支流已被小水电站包围，已建和待建小水电约90座。每座电站后面都是几百米不等的钢管、几公里不等的隧道和漫长的山路。密集分布的水电站在开发与运行过程中涉及土地开挖、弃渣、限流、扬尘等，不可避免地会对流域内的水量与水质、植被、水生生物、水土保持等生态环境产生不利影响。因此，民族地区的资源开发，需要走循序渐进谨慎发展的路径，在现有生态承载力范围内量力而行。

少数民族地区的发展路径，是一个大课题。其中最为关键的，就是寻找符合本地特色的本土化发展路径，不同区域间的城镇化路径和产业选择，需要进行针对性的研究，切不可人云亦云，跟风复制。

## 特色小城镇建设的内涵与方向

2016年7月,国家发改委、住建部等多个国家部委发布文件,制定了"到2020年,争取培育1000个左右各具特色、富有活力的特色小镇"的目标。2016年10月31日,国家发改委发布的《关于加快美丽特色小城镇建设的指导意见》,明确了建设特色小城镇的战略方向。

全国各地掀起了建设特色小城镇的热潮,北京十三五规划表明,北京市将统筹规划建设雪上运动小镇、世园小镇、环球影城小镇、新机场服务小镇等42个特色小城镇和新型农村社区，形成环境优美、和谐宜居、产城一体的新格局。浙江在建设特色小城镇方面成效卓著，也是全国各地的学习榜样，仍然在高歌猛进，明确特色小镇建设是浙江"2015年重点工作"之一，在未来3年里，将投入5000亿元培育100个左右特色小镇。

从北京市和浙江特色小城镇的建设内容，可以看出，特色小镇不同于传统意义上的小城镇，也超越了一般的行政单元划分，它更多的是有一定特色资源和产业基础的独立空间，是一个汇聚人才、资金、产业、创新技术的综合平台。同时，特色小镇也不是传统意义的开发区、工业园区、服务业集聚区，它强调的是产业、城镇、人文、生态的融合发展。某种程度而言，特色小城镇建设是推动新型城镇化建设的重要组成部分，是推动就地城镇化的重要手段。

特色小城镇建设的关键词之一就是"特色"，我们从产业基础、城镇形态、生态景观、人文内涵四个层面，来谈谈如何打造小城镇的"特色"。

首先，拥有较强的特色产业，是特色小城镇的重要特征。目前浙江省建设得比较成功的特色小镇，都具有较好的产业基础。一类是信息经济、环保、健康、旅游、时尚、金融、高端装备制造等"万亿"产业，另一类是根植于乡土的茶叶、丝绸、黄酒、中药、木雕、青瓷等历史经典产业。

对于中西部地区，小城镇招商引资的竞争力较弱，更应多花心思把"乡土产业"打造为特色产业。中国是一个农业人口众多的"乡土"国家，广大农村蕴藏着极为丰富的乡土资源。历史上中国手工业门类众多，传统工艺特别丰富多彩，技艺精湛，举凡器械、营造、编结、刻绘、织染、雕塑、金工、漆艺、造纸、印刷、家具、酿造、炮制以及文物修复等等，无不具有鲜明的民族特色，这是发展乡土产业的历史和文化底蕴。从市场前景看，由于全球产业发展的趋势，以及人工成本的持续上升，传统手工制品的价格不断上涨，使得植根于中国广大农村土生土长的乡土产业也能拥有良好的发展前景，具有一定的市场潜力。

其次，从城镇形态来看，特色小城镇一定是精致型的小城镇，要避免追求大而无当千镇一面的城镇建设。特色小城镇的第二个关键词是"特而小"、"小而美"。《浙江省人民政府关于加快特色小镇规划建设的指导意见》就明确指出，"特色小镇规划面积一般控制在3平方公里左右，建设面积一般控制在1平方公里左右"，还要求"所有的特色小镇都要建成3A级以上景区，其中旅游类特色小镇要按照5A级景区标准建设"。这也是为了避免特色小城镇建设陷入大干快上、盲目扩张的误区。小城镇的人口本来就少，适度的规模控制，有利于聚集人气商气，也会减轻大举扩张留下的债务负担。

在建筑特色方面，我们建议寻求具有地方特色的建筑材料和建筑风格。自古以来，我国各民族就因地制宜，利用不同的自然资源条件，建造风格各异的民居和城镇。

在热带雨林地区，傣族哈尼族多用林木、藤条、树叶和茅草建盖棚屋；河谷地区，农耕民族多用黏土建造平顶土掌房；高山峻岭间，藏族彝族直接用石头垒砌房屋……很难想象，傣族的干栏式竹楼，变成两三层的钢筋水泥房屋，根植于本土的建筑材料和建筑风格，保留和传承了当地的传统文化，也是城镇建设的特色所在。

再次，特色小城镇建设还要注重城镇与自然的和谐共生。追溯中国城镇的建设历史，从房屋建造到城镇选址，无不渗透出"天人合一"、"与自然和谐共生"的朴素生态思想。只是近三十年突飞猛进的城市化建设，对城镇和房屋的建设，更多地考虑拆迁成本高低、土地空间的大小、建设的难易程度等功利因素，反而把与自然环境的共生关系这样的关键因素抛诸脑后，无异于舍本逐末。

因此，特色小城镇建设，从选址、景观营造、建筑材料利用、空间拓展等诸多方面，都须贯彻生态理念。以建设空间为例，既可以是对现有平台和城镇的改造升级，也可以是对现有村落的有机更新，并非需要推倒一片，重建一片。在对待自然山水方面，则应尽可能地依据山形地貌，选择低冲击的开发模式。与大自然融合共生的特色小城镇，更令人心神向往。

最后，文化是特色小城镇的重要内容。缺乏文化内涵的特色小城镇，犹如人没有了灵魂。特色小城镇要从钢筋水泥的丛林里脱颖而出，根植于本土的文化特色扮演了重要的角色。如果将人类社会比喻为地球上的一棵大树，那么城市就是这棵大树的年轮。城市记录人类思想、情感与成长过程的所有片断。对宗教的需求产生了教堂，对集会的需求产生了广场，对居住的需求产生了住宅，对交换的需求产生了市场，对艺术行为的需求产生了剧院……有形的建筑与无形的文化一起，才构成了完整的城市。

小城镇中的祠堂、枯井、老树、戏楼，记录着当地的悲欢离合，见证着它的繁荣和衰落。与城镇发展相伴生的民俗文化，也是特色小镇须大力挖掘推广的内容。鲁迅笔下的社戏、苗寨里的长桌宴，这些民族习俗不应该只成为书本和纪录片里的场景，或是偶尔为之的庆典，而应成为人们可以在小城镇中体验参与的独特经历。

高楼大厦处处可见，而文化对于城镇来说是独一无二的，它们传承着城镇的历史，是城镇的灵魂所在，是宝贵的无形资产，只要规划得当、适度开发、合理利用，无形资产创造的价值远胜于一幢幢华而不实的摩天大楼。

"望得见山、看得见水、记得住乡愁"，也是特色小城镇建设的目标之一，根植于本土的特色产业、精致而规模适度的城镇形态、与自然和谐共生的生态景观、记录着历史的城镇文化，这四大要素共同构成了特色小城镇建设的重要体系。产城人文多元融合，才能使特色小城镇既传承历史，又面向未来。

# 京津冀协同发展须处理好四大关系

与以往目标导向的规划不同的是,《京津冀协同发展规划纲要》是典型的问题导向型规划:聚焦于京津冀区域发展在人口、城市、产业、生态等方面存在的主要问题,以优化提升首都核心功能、疏解北京非首都功能、解决北京大城市病为主要出发点,最终在京津冀地区构建现代城市体系。

从城市的空间布局看,京津冀三地的城市发展任务各有侧重。根据规划,京津冀地区将形成"一核、双城、三轴、四区、多节点"的空间格局。

北京依然是京津冀协同发展的核心,与以往资源、政策过度集中于北京不一样的是,"一核"更多的是围绕着北京,进行非首都功能的疏解,疏解的同时,北京还要同时进行内部资源要素的优化调整。"双城"更多的是指天津、北京两大城市双引擎联动发展,最终实现带动石家庄、唐山、保定等"多城"发展。而河北的城市主要在于构建多节点城市,最终在河北地区形成石家庄、唐山、保定、邯郸四大区域性中心城市,以及张家口、承德、廊坊等七个节点城市,有序推动河北地区的产业发展与人口聚集。

《京津冀协同发展规划纲要》后简称《规划纲要》的城市空间布局,与《国家新型城镇化规划(2014—2020

年）》、中央城市工作会议讲话等近年来重要的规划政策所传导的精神是相一致的：即注重城市承载力和城市容量，以问题为导向，推动就地城镇化，形成相对均衡健康的城市群体系。

然而，在新常态下，中国城市发展步入后土地经济时代，要实现上述定位和空间布局并非易事，必须处理好四大关系。

一是要处理好行政手段与市场手段的关系。在纲要中，京津冀协同发展存在的一个主要问题就是"资源配置行政色彩浓厚，市场机制作用发挥不充分"，这实际上也是京津冀一体化进程远远落后于长三角的重要原因。江南自古就是富庶的鱼米之乡，上海、江苏、无锡、南京等地的商业联系密切，长三角也是中国市场经济的主要实验地，政府开明高效，为协同发展奠定了健康的背景。而京津冀地区自古以来就重仕轻商，国有企业资产总额占全国的比重高达60%以上，政府是经济发展的主导力量，对制度革新也相对保守，错过了许多发展机遇。

北京凭借行政之手聚集了过多的功能，集聚了超过自身承载力的人口和产业，引发交通拥堵空气污染等大城市病，现在又要凭借行政之手来疏解要素和产业，其难度可想而知，也非政府一家可为之。因此，在疏解功能和产业方面，《规划纲要》才一再强调要"市场主导、政府引导"。对于不同性质的单位也采取分类施策的原则，对于行政事业单位，规划引导为主；对于市场化的企事业单位，则以市场引导为主，避免了一刀切政策带来的混乱。

二是要处理好疏解地和承接地之间的关系。在疏解产业和功能时，疏解地和承接地之间的关系可谓剪不断理还乱，这其中，既有利益的博弈，也有合作共赢。实际上，在发展过程中，京津两地与河北地区存在着较大的产业断层和城市断层，即京津两级过于庞大，而周边河北中小城市过于瘦小，区域发展差距悬殊。在京津冀经济圈中，2015年北京的GDP总量2.3万亿，天津1.7万亿，北京是天津的1.4倍，与河北各城市相比也是差异巨大，其中差异最大的是北京和衡水之间，北京的GDP是河北衡水的19倍。实际上，在河北省内部的城市之间，也存在着较大的发展差距，2015年最高GDP唐山市6103亿，比最低的衡水市1220亿高出近5倍。北京的企业搬迁到河北以后，能否留得住，能否形成新的产业集群，关键就在于这其中的产业断层能否弥补。

城市功能和工业企业，本质而言是地方发展的宝贵资产，当一个地区工业用地不足时，可以把要转移出的企业作为资产与其他省市共建园区，共同获得利益。这样的合作既包括省际合作共建产业园，也包括省内两个城市共建园区，在产值、税收等地区利益上共同分享。对于疏解地而言，要作为一种城市资产来进行交换合作，而不是单纯的当作城市的负担；对于承接地而言，获得了新的发展机遇。因此，承接地、疏解地以及企业之间的利益分配机制的构建，至关重要。

三是要处理好单个任务与系统之间的关系。目前对京津冀协同发展的考核,多聚焦在疏解了多少人口、搬迁了多少企业等具体的任务和数据方面。实际上,很多疏解任务并非单项任务,也非一时可以完成,着眼于短期考核的数据,长远来看甚至可能带来更多的隐患。

以人口疏解为例,人口是一个包括了数量、素质、结构、分布等多个方面的整体。人口问题作为重要的社会课题则更加复杂,牵一发而动全身。仅从流动人口本身来看,北京外来流动人口以中青年居多,主要就业于第三产业,其中从事批发、零售贸易、餐饮业、社会服务业的流动人口比例较高。这些人口的生存状况和流动状态都会对北京市经济和社会运行产生直接影响。此外，人口疏散还涉及公共资源分布、社会服务供给、基础设施配套、产业结构调整等多方面因素的互动配套。因此，分析人口问题必须从系统的观点出发，而不能割裂人口问题各方面之间的联系。尤其是在当前城镇化高速发展的形势下，需要更加慎重，否则未来调整的空间将会越来越少。

四是要处理好人与自然之间的关系。在《规划纲要》中，关于生态环保的章节占了很大的篇幅。京津冀协同发展困境之一，就是资源环境承载超限，自然生态系统退化。这其中，水资源短缺与大气污染尤其触目惊心。在推动协同发展的过程中，无论是产业的搬出搬入、还是大规模的基础设施建设，都涉及许多新增的项目，在处理这些新增项目的同时，在大规模地推进城镇化进程的同时，需要考虑到自然生态应有的地位。城市、乡村、森林、灌木、草地、河流、湖泊等等共同构成了多样化的自然界，栖居在城市和乡村中的人类，与林中的动物、空中的鸟儿、草丛里的昆虫、水中的鱼儿一样，都是城市群中的一员。只有同更美好的生活结合起来，生态河流廊道治理、湖泊湿地保护、地下水治理、污染联防联控等措施，才会有更多的民生意义和现实意义。

《京津冀协同发展规划纲要》是一个长期的系统工程，非上述四大关系就可以穷尽。对于执政者而言，全面理解新常态，就在于突破传统，以更尊重经济规律的规划理念，来推动纲要在各个领域贯彻实施。

# 第四部分

# 另一只眼看城镇化

城市是一个有机的生命体,它的规模、尺度与速度,决定了城市发展的态势。而中国城市出现的种种问题,不是在于发展太慢,而是在于发展太快,大跃进式的城镇化,让政府官员、企业和民众都猝不及防,手忙脚乱。正确认识城镇化的规模、尺度和速度,势在必行。

## 城市之疾在于太急

近日,国务院一项关于12个省会城市和144个地级市的调查显示,平均一个省会城市规划4.6个新城(新区),平均每个地级城市规划建设约1.5个新城(新区),全国新城新区规划人口达34亿。

与当前的13亿人口相比,34亿无疑是一个让人瞠目结舌的数字。有意思的是,据联合国近日的一项报告显示,2017年,中国人口可能步入人口拐点,达到巅峰后开始萎缩。巨大的反差背后,一方面是政府主导的自上而下的城市大跃进,另一方面却是冰冷的现实,中国人口的自然增长远远跟不上城市的扩张。

改革开放以来,中国城镇化进程一直保持高速发展。从1949年初的10.6%,到1978年的18.9%,及至2011年的51.27%、2014年的54.7%,城镇化率几乎以每年1~2个百分点的速度增长,而城市总数增加至657个,我们用30年时间走完了西方发达国家上百年的城镇化历程。

事实上,城镇化这个概念从来就没有定论。但就中国的发展现实看,几乎就是一场以攫取农村土地为目的的土地城镇化。据中国城市建设经济研究所统计,从1996年到2003年,7年间中国耕地减少了1亿亩,这些土地,绝大部分被城市占用。从1990年到2007年,我国城市建成区面积从1.29万平方公里扩张到了3.55万平方公里,

2013年扩张为4.78万平方公里，十余年间扩张了270%，城镇人口只增加了27.29%。显而易见，土地的城镇化已远远超过了人口的城镇化。

这样的情况既发生在沿海地区，也发生在西部内陆地区，既发生在温暖的南方城市，也发生在寒冷的"铁锈地带"，既发生在北上广这样的一线城市，也发生在无锡泉州这样的三四线城市。即便是每年人口流失量达180万的东北地区，也罔顾人口减少的现实，对建城造城乐此不疲。

以沈阳为例，根据辽宁省对沈阳经济区的规划，在未来3~5年，在沈阳经济区的城际连接带上，将建起33个新城、新市镇，使整个沈阳经济区通过城市、新城、新市镇连成一个大的城市片区。根据《关于在沈阳经济区城际连接带规划建设新城新市镇的通知》，拟规划建设25座规模在10万人口以上的新城、8座规模在5万人口以上的新市镇。那么，沈阳的人口现状如何呢？我们选择更为准确的在校小学生数据来看，根据沈阳市统计局的数据，2008年的在校小学生是36.4万，2013年减少到34.5万，已经呈负增长态势，很难想象，沈阳从哪里找300万人口来填充这些新城？

规划人口的激进扩张，背后是地方政府对土地指标的狂热追求。每多一个人进入城镇化序列，就需要配备约100平方米左右的建设用地指标，做多城市人口，意味着可能向上级获取更多的土地指标。近三十年的城镇化进程

中，许多地方政府，已经走上了一条土地扩张的不归路：招商引资需要让渡土地收益，土地出让金获取需要国有建设用地指标，投资拉动需要靠建房修路修广场……多方利益交织，以至于中国的新城越来越多，纸上规划的人口成倍增长，也在情理之中了。

然而，人口大跃进映射出的城市大跃进，对中国城镇化而言，未必是好事。

从系统论的角度看，一个地方的城镇化速度越快，越可能陷入社会系统混乱，致使城市生活质量下降、犯罪率上升，以及道德溃败。从中国城市发展种种问题和矛盾看，由政府主导、以拆迁改造为标志的快速城镇化完全搅乱了市场发展的节奏，使得城市处于一个无序的发展状态中。城镇化是一个社会经济演进的过程，是一个自然而然地由市场推进的过程，而不是像大多数经济学家想象的那样，是一个可以追求、可以被塑造的结果。当前通过拆字当头、强制实现城镇化，无论如何都是违背经济规律的。我们在这里批判并不是要全盘否定城镇化，我们要否定的是大跃进式的城镇化、带血的城镇化。

城镇化的发展从来都不是一个政府乃至个人就能主观决定的，它是一个渐进的历史过程，而从其演进过程来看，一定有人口、产业、资源、知识的集中和变迁，这是一个系统的工程，缺一不可。这意味着，传统的低成本、由政府强制推进的"土地城镇化"战略必须得到调整和纠正，而由于上一个阶段城镇化矛盾的累计，未来中国将进入一个高成本城镇化时代。如果政府在城镇化道路上的激进情绪得不到有效控制，很可能会给城市带来灾难性的后果。

## 昆明，十年城市大跃进

2013年9月，时任云南省委书记秦光荣在一个座谈会上，罕见地痛批昆明城建规划存在的问题。云南媒体公布了讲话原文，"反思问题"的内容多达3000字左右，引起了社会广泛关注。调研座谈会上，他对昆明城建规划提出存在的六大问题：作为城市发展内核的历史文脉被割裂、城市原有的大山大水空间格局被破坏、城市的人文之湖滇池受到严重污染、城市的街区和建筑风格没有特色缺乏个性、城市的基础设施建设缺乏统筹规划、城市的管理缺乏文化视野和战略眼光。

客观地说，昆明城市建设存在的问题，代表了中国许多城市建设的现状：大拆大建，破坏历史文脉，城市原有的山水肌理被破坏，河流受到严重污染，城市的面貌越来越千城一面缺乏特色……只是这些问题，由省委书记点名痛批，在国内尚不多见。在笔者看来，昆明的城市之疾，在于太着急，在于速度太快。

每一个城市都急切地想展现自身的繁荣丰盛，每一个官员都想在三五年之内短平快地出政绩……国土局、住建局、规划局、环保局，你方唱罢我登场，每个部门都在上面挥洒施政要领，激扬文字，动员号令，挥斥方遒，领导们的宏图壮志，变成了一栋栋高楼大厦和各色看得见的政绩风景，城市沦为了一个舞台，至于带来的问题，欠下的债务，谁会在乎，就让下一任去解决吧！

然而，正是这种急功近利大跃进式的城市建设，带来了许多问题：只注重城市表面形象的改变，不注重城市文化的传承；大拆真文物，大修假古董；一任领导，一任规划；道路被频繁地开挖，缺乏统筹规划；只重建设不重管理，只看短期面貌不重长期发展……所有这些问题和毛病，追根究底，都是速度惹的祸。

昆明拥有1000多年的城市建设史，三面环山，一面临水，这水就是滇池之水。昆明被称作春城，除了高海拔低纬度、受暖湿气流影响等的原因之外，滇池居功至伟，滇池水就好像一个天然的大空调随时在调节着昆明的气候，对于城市的重要性不言而喻。

然而，长期以来，滇池并没有受到应有的尊重和保护。历史上多次泄水得田、围海造田，致使原本的水乡泽国不复存在。20世纪60年代到70年代，大修水利，数万人用西山上的石头筑起高高的防波堤，从滇池身上强行剥离了几十平方公里水面，导致湖面和水体迅速变小，滇池的蓄水功能大大降低，自然降解能力也减弱，随着城镇化的突飞猛进，昆明现在发生内涝，水污染越来越严重，就是可以预见的事了。大跃进，要的就是大干快上的速度，这样的速度带来的后果，昆明现在仍然难以承受。

20世纪80年代以后,滇池周边建起了许多工厂和民居,生产污水和生活污水直接排往湖里,导致水质急剧恶化,随后的时间里,滇池走上了专注治污十余年的道路。然而,成效却不佳。究其原因,滇池的治理,缺乏长效规划,主政者一换,治理政策就可能调整。早些年,为了保护滇池,昆明市滇池管理局拆除滇池周边村庄,让村民搬迁,计划建成十几个湿地公园。村子早就拆了,治理目标依然遥遥无期。主政者的思路频繁改变,自然离原有的目标越来越远。这,显然是另一种速度惹的祸。

城市的发展,自有其生长逻辑和发展机理,不可能一蹴而就。昆明之疾,不过是中国城市发展病痛的一个缩影,它的问题,值得许多城市管理者参考反省。在这个浮躁的年代,更需要决策者沉下心来,放慢脚步,大跃进式的城市建设,只会带来更大的问题。

## 北川,失控的城市规模与尺度

2008年汶川地震后,全国各地陆续开始了对灾区的对口援建工作,为受灾群众重建家园。对重建城市的技术性讨论,多集中在建筑物的抗震级别的讨论上,很少有人关注城市的规模和尺度。作为一个城市研究学者,我曾多次到重建后的汶川、北川等县城实地调研,发现当地最大的问题是城市规模和尺度过大,人气不足,缺乏活力。实际上,灾后重建的城市,一定要有适当的规模和尺度,只有有了与当地人口和经济发展相适应的规模和尺度，才能营造一个繁荣的城市。

以北川县城为例。汶川地震使北川老县城变为废墟，北川成为唯一一个异地重建的县城。老北川县的县域面积为2800多平方公里，震前人口约16.1万，县城人口约3万，地震造成的死亡约2万。震后北川调整了区划，安县的安昌镇、永安镇和黄土地办事处的6个村被划入，新增土地215平方公里，新增人口7.8万余人。2010年年底，永昌镇的居民陆续搬到新县城。

从城市硬件设施上来说，新北川干净、整洁、漂亮，但最大的问题就是冷清，人气不旺。虽然近期规划人口为4万，平常县城里可能也就一两万人。人气的匮乏也是困扰当地政府官员的大问题。

首先，人口老龄化的趋势决定了中国城市宜小不宜大，小就是好。按照规划，新北川的人口扩张分为三个阶段：2008~2010年，重点在于安置人口、恢复功能、启动园区，新县城总人口按3万人控制。2011~2015年，重点在于集聚人口、完善功能、彰显特色，通过职业培训、教育移民促进北川山区人口进一步向新县城流动，新县城人口规模按5万人控制。到2020年新县城总人口达到7万人，总用地面积7平方公里。

然而，新北川的人口聚集却并不乐观。震后北川县城的部分人口迁移到绵阳、安昌、安县等地，住在北川新县城的多是老县城居民和新买房的外来户，或者山区里的移民。虽然政府鼓励丧子家庭生育、代偿性生育，但无论外来移民还是自然出生，总体的人口增长仍然十分缓慢。

其次，控制规模和尺度，有利于节约灾后重建的资金，避免浪费。北川新县城重建资金总共为153.7亿元。其中，43亿元资金来自于山东援建，中央、省及地方各级投入32.55亿元，社会捐建资金4.1亿元，社会、市场及企业投入50亿元，地方融资或向上争取资金24.05亿元。从中央到地方的巨额投入，才造就了今天的新北川，如果规模和尺度适当缩减，也可节约一笔巨额的资金。实际上，后期要管理运营新北川漂亮的体育馆、纪念广场等设施，也需要大量的资金，以北川本身的地方财政收入难以维持，现在的城市运营资金，用的还是当年山东省的援建资金。

最后，控制规模和尺度有利于商业活动的开展。灾后重建区与大城市CBD不同，住的都不是白领，而是当地的居民，以及部分外来的游客，只能做一些简单的商业活动，所以一定要控制商业成本。在人气不足的小城镇炒作房价将会陷入"房租高—物价高—消费少—亏本关门"的恶性循环，进一步损害当地的商业环境。而较小的城市规模和尺度，从空间上加以约束，更有利于商业氛围的培养。

此外，要考虑建设城市森林等避难场所。地震断裂带上的城市，不仅建筑的抗震性要强，同时要考虑避难场所的建设，类似于城市森林的空旷地带，不仅能提高宜居性,还能提升房地产的价值。

经历惨痛的灾难,理应为灾民建设更美好的家园,然而一个城市,不仅仅需要宽阔的道路、漂亮的场馆,适当的城市规模和尺度,才有利于城市的长远发展。灾后的人民,更愿意看到一个繁荣热闹的城市,而不是一个漂亮冷清的空城。

## 购物中心,跑太快将成烂摊子

地产经纪商世邦魏理仕近日公布了"全球零售业调查数据",在全球购物中心建设规模"十大城市"中,有8个都在中国,其中前三位分别是天津、沈阳和成都。天津约有16家购物中心在建,总面积达245万平方米,相当

于25个西单大悦城。而天津在建购物中心面积还超过了除法国巴黎、俄罗斯莫斯科外任一城市现存的购物中心的面积量。

购物中心的建设狂潮,与近年来各地疯狂上马的城市综合体密切相关。

这次统计中,成都是全球第三大忙于建设购物中心的城市,实际上,早在2011年底,成都的商业综合体项目就已突破100个,大多数体量都在10万平方米以上,未来两年,成都将有1000万平方米以上的商业项目入市,以成都加上周边区县的1000多万人口,光新建的商业项目,人均就达一平方米,实在让人瞠目结舌。

消费娱乐是城市的必需功能,但如此大规模的疯狂建设,却极不正常,剖析背后的原因,有住宅地产调控后的投资转向,有开发商的圈地冲动,有政绩工程的推波助澜等多种原因。

宏观环境看,住宅地产调控风声日紧,各路资本和产业先后杀入商业地产领域。有的如万科、恒大、首创等住宅开发商转型做商业地产,有的则像沃尔玛、红星美凯龙、麦德龙等零售公司进入商业地产开发,以至于许多质量不高的非专业购物中心、城市综合体充斥市场。不仅如此,圈地的规模也越来越大,功能也越来越多元,从最初的建筑单体建设,摊子越铺越大,最后变成了各种名目的新城区。

以奥特莱斯为例,奥特莱斯2011年底推出了"芭蕾雨项目"，称未来10年再投资800亿元，打造30家奥特莱斯风情小镇及度假购物村。该项目要在大城市周边或者城际之间打造"以奥特莱斯名牌折扣店"为龙头、集奥特莱斯商业集群、休闲度假、文化娱乐与低碳居住为一体的城市新中心。奥特莱斯在美国，也不过是位于郊区的仓储式折扣店，到了中国，很快适应国情，越做越大变身为城市运营商。然而今年初被媒体曝光，奥特莱斯大规模扩张，意在土地，而非做零售业。

在购物中心热潮中，万达集团始终活跃在第一线。万达旗下的标志性产品万达广场已在全国建成50余个，遍布国内一二三线城市，所到之处尽显财大气粗，地方政府也欣喜欢迎。地方政府的支持成就了高度扩张的万达速度，而全产业链之下的快速复制能力，让这种速度发挥到了极致，也让全国大大小小的城市里，遍布着千店一面的万达广场。

开发商这种经营城市的开发理念，无疑深得地方政府的欢心。大体量、大规模、高端品牌与炫丽的广场、摩天大楼结合在一起，是明晃晃的大手笔政绩工程。此外，地方政府还希望通过城市综合体和购物中心的引擎作用，形成商业集群效应，以促进城市经济升级转型，并带动本地税收就业。为此，在土地和税收方面给予很大的让步，也在所不惜。

然而，光鲜的购物中心本身并不能产生新的商业需求，或是新的购买力，它只能从城市周边过时的商业设施中吸引顾客，只能开拓市场内未满足的需求，只能抓住人口、家庭、就业和收入增长带来的新增购买力。

购物中心也好，城市综合体也罢，归根到底还是商业零售业，盈利与否和消费客流量息息相关，与经济大环境一荣俱荣一损俱损。更现实的是，一个新城或新社区，要形成一定的商业氛围，通常需要五年左右的时间，要收回投资更是要大约十多年以后。

各路资金扎堆进入商业地产，累积了更大的风险：结构性过剩、产品重复建设、招商议价能力差、市场消化困难、大量供给造成的空置……

一旦城市综合体中的可售部分出现销售阻力，无法及时回笼，造成烂尾，势必延长开发周期，增大金融风险，而这些综合体和购物中心大多位于城市的区域中心，被寄予厚望的政绩工程，在众目睽睽下恐怕要变成抹黑工程。

因此，当下的购物中心和城市综合体的建设热潮，无非是投机心态。

那些以新城姿态大规模扩张的房地产企业和零售企业，资金投入、开发规模和扩张速度都令人咋舌，失去了商业运作应有的谨慎态度，用意在于土地增值带来的效益，而非零售业本身。对地方政府而言，大力支持如此多的购物中心上马，追求不确定的面子工程，将面临一堆难以收拾的烂摊子。

# 富士康，大项目对地方政府的意义

对于富士康这类企业，向来大受地方政府的追捧，我们以成都富士康为例，来谈谈大项目对于地方经济的利与弊。

富士康工业园位于成都近郊红光镇，拥有8座厂房50条生产线，76天建成投产，创下了建造工厂所用时间的最短纪录。新厂区里已经容纳了近三万名员工，大部分的员工都是20岁左右的年轻人，他们与机器一样，密密麻麻地分布在车间的流水线上。

作为再造一个"产业成都"的重头项目，成都市政府一直对76天建厂开工的高效率，以及未来将生产全球2/3以上的IPAD等相关数据引以为傲。2011年5月20日晚，成都富士康发生粉尘爆炸，造成3人死亡，15人重伤。事故发生后，各级领导高度重视。有意思的是，除了时任省委书记刘奇葆携市领导迅速赶赴现场外，还有部分领导赶往机场迎接晚上到达的郭台铭。对于记者的来访，省市宣传部门也坚定地站在了富士康这边，微博爆料称有宣传干部在现场阻止记者采访。爆炸事件已经不是富士康一家企业的事，相关政府部门也与之休戚与共。

为了引进富士康，四川省和成都市政府可谓煞费苦心。据报道，在选择内迁成都前，郭台铭曾向当地政府提出十分苛刻的条件：必须在3个月内建成几十万平方米的厂房，半年内厂房达到170万平方米，厂房要建在综合保税区内，富士康项目用地要4平方公里，另需10余平方公里做生活配套。这些看似不可能完成的任务，都奇迹般地在70多天内完成了。四川省政府除了批准给予富士康财政补贴和特惠的公司收入税率等优惠政策外，还特批增加了成都飞往香港的货机航班的数量，甚至要求当地的职业中专将学生输送到富士康去实习，以确保未来能提供充足的劳动力资源。

　　成都对待富士康的态度，仅仅是富士康在内地政府的一个写照。高效的审批流程、大规模的廉价土地出让、量身定做的城市规划、奇迹般的厂房建设、大力度的财税优惠……再到后期的航班特批、劳动力供给，甚至事故的善后处理，地方政府关怀富士康的拳拳之心，可见一斑。相关部门为富士康保驾护航，已经到了事无巨细殚精竭虑的地步了。从某种程度上讲，这些城市已经被富士康绑架了，一荣俱荣，一损俱损。

　　什么样的魔力，让地方政府对富士康如此热衷？无非缘于富士康对地方经济强大的带动作用。让我们看看这些数据：2008年富士康在中国的出口总额达556亿美元，占国内出口总额的3.9%；富士康在深圳的十几家公司的出口产出也占深圳出口总额的15%。富士康龙华工业园仅用了10余年的时间，就将一个只有村落农田的小镇，直接改造为一片配套齐整、商贸密集的城市中心社区，吸引了近40万的劳动力大军。这些数据，对正处于大规模城镇化起步和发展阶段的内陆城镇而言，显然具有难以抗拒的魔力。

然而任何事物都有其两面性，作为加工制造业的巨无霸，可以带动地方经济发展，如果任由一家企业独大，所有的城市规划、产业规划都围绕着一家大企业配套，那么反而使地方经济走向衰败。

富士康投资大陆的第一站是深圳关外龙华小镇，深圳龙华区目前人口约四十多万，其中富士康厂区人口占了全区人口的大约一半——这带来的直接影响是：龙华镇的命运，与这家来自台湾的企业一起，结成了难以割舍的关系。

富士康早年的扩张，让围绕其庞大工业园周边的农民一下子富了起来，这些工人来了又走，对龙华周边消费的拉升构成了直接的推动力，农民抢建的房子用于出租，四处都是。然而，富士康转战西部内陆城市，对龙华镇的城市生态产生了重大的影响。大量生产线劳工搬走，周边农民房的出租率、周边的商业餐饮娱乐都受到冲击。龙华工业园未来从生产转向以研发为主，由劳动力密集型产业转变为技术密集型产业，工人和管理人员的结构变化如此迅速，城市的产业和配套也能如此快速有序地变化吗？

纽约曼哈顿、新加坡苏州工业园等范例表明，一个成熟的产业园区，一定是个性十足的城镇社区，一定是多元产业融合发展的舞台。一个产业独大，当然会挤压其他产业的生存空间，而产业的发展自有周期，当独大的产业从高峰走向低谷时,必然会导致城市从繁荣走向衰败。

从城市格局来看,与富士康一样,中国很多工业园区最初位于边远的郊区,所有的配套都脱离不了园区的思维,城市如同放大了的车间,园区就是城镇。随着城镇化的扩张,城镇功能明显滞后,缺少医院、学校、商城、影城等公共服务配套,不仅园区工人的娱乐、消费、教育、医疗等条件难以保障,更难以吸引其他产业和高端人群的进驻,形成恶性循环,反而制约了当地经济的发展。

地方政府不仅仅是大企业的政府,城市也不仅仅是某一家大企业的城市。除了政绩和GDP,我们的城市管理者更需要关注民生配套,关注地方经济的可持续发展,以及中小企业的生存空间。一个被大企业绑架了的城市,如同将所有鸡蛋放于一个篮子里,风险不言而喻。

## 鄂尔多斯,资源型城市如何转型?

鄂尔多斯的煤炭和房地产业,曾吸引着一波又一波的淘金者,如今,鄂尔多斯正经历着繁华之后的落寞、喧嚣之后的冷清。据报道,自民间借贷危机爆发后,众多放贷者血本无归,大批在当地打工的外地人也"大撤离"。

成也资源败也资源,鄂尔多斯的境遇是资源型城市转型的缩影。回头看看鄂尔多斯的发展轨迹,我们或许会有一些启发。

1993年以前,鄂尔多斯还是以农业为主,经济发展落后，属于内蒙古最贫困的地区之一。自2001年以来的10年间，凭借煤炭价格节节走高和煤炭产量的连年攀升，鄂尔多斯经济总量10年来增长了17倍，人均GDP跃居全国第一，由内蒙古最贫困的地区一举成为全国百强城市，被称为"中国的迪拜"、"内地的小香港"。

随着巨大的财富从地下滚滚而出，鄂尔多斯的财富迅速积累。获得征地补偿款的农牧民们瞬间成为百万富翁、千万富豪。富裕起来的农牧民，除了购车，便投向了房地产，或者涌入地下钱庄，造就了房地产投资和民间借贷的空前活跃。

一时间，鄂尔多斯同时集中了房地产泡沫和民间高利贷的风险。温州借贷尚有普遍从事实业的草根企业作为缓冲，鄂尔多斯却是相对单一的产业格局，面临的风险可想而知，而房地产调控则加速了泡沫的破裂。

为了摆脱资源诅咒的怪圈，除了大力发展房地产业，大规模扩张城市以外，鄂尔多斯政府也曾致力于寻求产业多元化的出路，其中之一便是"以资源换项目"的战略。2009年，内蒙古自治区政府出台《关于进一步完善煤炭资源管理的意见》。意见规定，"一次性完成固定资产投资额在40亿元以上的新建大型装备制造和高新技术项目"，可配置煤炭资源，标准是"固定资产投资每20亿元配置煤炭资源1亿吨，一个项目主体配置煤炭资源最多不超过10亿吨"。

在煤炭资源的诱惑下，汽车、装备制造、陶瓷、纺织服装、PVC、新能源等一批项目相继落地，东胜金融广场、高新技术产业园区、鄂尔多斯文化产业园区、阿康物流园区等一批服务业集聚区也相继建设。然而，这些项目并没有给鄂尔多斯带来意料中的利益。

鄂尔多斯引进的首批项目就是华泰汽车项目，根据华泰汽车的公开信息显示，自2006年8月华泰汽车鄂尔多斯工厂投产以来，目前已累计投资超过60亿元。按照鄂尔多斯的政策，华泰的60亿元投资可以换来3亿吨煤炭资源，按目前市况计算，价值将达到450亿元。除了煤矿资源让华泰受益匪浅之外，华泰汽车在鄂尔多斯获得的土地也升值不少。华泰汽车在鄂尔多斯落地时，以较低的成本在鄂尔多斯康巴什开发区获得了2100亩土地，之后又扩展到6000亩。本想以资源换项目发展多元产业，却成就了华泰汽车"圈地卖煤"的华丽转身。

客观而言，鄂尔多斯发展汽车、新能源、装备制造等产业，无论是上下游产业配套、物流成本，还是人才储备，都不具备相应的优势，那些落户的企业，看中的不过是煤炭、煤炭，还是煤炭。

鄂尔多斯炫目财富的背后，是单一的产业结构、飙升的生活成本、疯狂的民间信贷、巨大的房地产泡沫……这些问题困扰着鄂尔多斯的现在和未来。我国有118个资源型城市，占全国662个城市总数的18%，鄂尔多斯的困境只是资源型城市转型在当前宏观经济背景下的缩影。如何超前谋划，因地制宜地调整产业结构，促成经济发展方式的转变，是这些城市面临的共同问题。

全球范围内还找不到仅凭能源就能实现城市世代繁荣的先例，如今也不再是工业时代的19世纪，一个大煤田，就能让伯明翰成为全球的制造中心。休斯敦、鲁尔和洛林等资源型城市的转型经验表明：恰当的城市定位和实体经济的繁荣才是硬道理，完善的硬件配套比单纯的城市扩张更重要，脚踏实地地完善产业链条比急功近利的招商引资更有效，优美的生态环境比空无一人的高楼大厦更能吸引企业和人才。

## 如何发掘城市无形资产的综合价值？

中国城市近30年所走过的路，比西方国家300年走过的路都快得多。以至于中国城市的演变过程，充满了非理性的意味。土地经济时代，从南到北，从一线城市到三四线城市，各地都执着于热火朝天的城市建设，大肆修建着高楼大厦、高速公路、大广场、大马路……仿佛只有这些有形资产，才能体现城市的价值。实际上，城市的资产不仅仅局限于有形资产，城市的文化、传统、习俗、建筑格局、景观……这些无形资产，是城市文明的积淀，一样可以为城市带来更多的收益和价值。

土地经济时代，大建设与大破坏往往并存，快速而无序的建设，过度而庸俗的开发，以及保护工作的不力都使得城市遗产支离破碎，甚至使得很多优秀的文化遗产"如临刑场"，朝不保夕，随时可能遭遇毁灭性的破坏。在后土地经济时代，我们需要反思大拆大建对城市无形资产造成的破坏，把重心转向对城市无形资产的利用。

城市的无形资产，是城市文明经年累月的积淀，然而，我们却在以一种割裂的方式建设着城市，承载城市文化的街区，经历数十年甚至数百年的发展，往往街道狭小、基础设施匮乏、房屋破败……这些通常成为大拆大建、拆除老街老屋的理由，因为简单粗暴的拆除，往往比精心规划利用更省心省事省资金。

实际上，成功的商业开发会在充分尊重历史遗产的基础上，满足居民生活需要，以深厚的城市文化带动旅游业发展，使地段重新焕发生机和活力。成都的锦里、宽窄巷子，就是将商业开发和历史文化保护相融合起来的典范，这使得历史街区焕发了新的活力。

资金问题一直是困扰城市文化街区保护的主要问题，很多地方政府都会以资金欠缺为借口，对城市文化资产要么听之任之，要么一拆了之。实际上，只要我们仔细梳理，就会发现许多可供挖掘的资金来源，包括国家历史文化名城专项保护基金、银行贷款、国外援助资金等等。这些投入对于城市品牌、城市特色和城市长期收益来说，是非常值得的，因为这些老旧街区、传统的生活方式，所带来的效益是综合而多元的，不仅有极高的商业价值，还有重要的社会价值、历史价值。

传承城市文化的老旧街区一般都处在老城的中心地段，区位条件较好，保护整治工程实施后，街区整体环境将得到很大的改善，必然会抬升其所在地段和周边地区的土地价格。因此，在不违背历史文化街区保护原则和目标的基础上，利用市场经济法则和手段，在保护区及周边地区进行适度的商业、旅游、房地产开发，争取部分资金来平衡先前的投入，弥补严重短缺的保护资金，达到历史文化街区自身发展的良性循环。

首先，是多元的经济价值。传承城市文化的老旧街区，具有丰富的价值，包括历史的价值、城市规划的价值、建筑美学的价值、艺术情绪的价值、科学修复的价值和功能的价值等等。保护历史文化街区，就是保护这些价值的总和，这些价值在一定的条件下能够转化为经济价值，并随着整治后街区环境的改善和历史风貌的保存带动其他产业发展，间接地增加政府的财政收入，如旅游收入、会议收入、主题节庆收入、商业收入等等。

其次，是租金和税收的回报。历史文化街区整治使街区环境改善，从而带动房屋租金的上涨，这是必然的结果。

第三，房屋买卖与适度开发也可带来收益。历史文化街区的整治带来了土地的增值和社会效益的提升，政府

进行适当的房屋交易，在保护区周边进行适度的房地产开发，将有利于保护资金投入的产出，改造和整治后的部分住宅也可用于出售或拍卖，丽江当地人的宅子，原本仅仅以自住为主，整治后就被出售为商铺，商铺的租金、商店的税金、游客的消费等都是当地政府获得的综合收益。

最重要的是，城市无形资产是城市的灵魂所在，是一个城市区别于其他城市的本质所在，北京的胡同、上海的里弄、成都的宽窄巷子、丽江的小资生活方式、大理的风花雪月……这些传统建筑和生活方式，才足以成为这个城市吸引世界眼光的理由。

随着全球化进程的推进和中国城镇化的高速发展，各地城市都将面临日益严重的历史文化遗产保护与发展的矛盾，尤其对于那些既拥有千年历史文化、又在全面进行现代化建设的大中型城市。必须解决好这样一个核心问题：如何让历史街区在适应社会发展变化的同时，保留遗产的精神实质。实现文化的有机演进，使城市文脉得以传承、延续，发挥其巨大价值。

　　老街老屋、老树老人，传统的生活方式和习俗，只要规划得当，都可以是城市的无形资产，这些无形资产的修缮和维护需要一定的投入，但是它具有丰厚的社会价值、历史价值和文化价值，许多地方政府往往执着于大建有形资产，而忽略了无形资产的价值，对于老街老宅，一拆了之，无疑是短视而无知的。在后土地经济时代，要打造城市特色，避免千城一面，必须重视城市的无形资产，因为高楼大厦处处可见，而无形资产对于城市来说却是独一无二的，它们传承着城市的历史文化，是城市的灵魂所在，只要规划得当、适度开发、合理利用，无形资产创造的价值远胜于一幢幢华而不实的摩天大楼。

## 文化体验才是古镇旅游的生命力

笔者曾去黄龙溪古镇调研，对此感受颇深：在大拆大建的年代，投入巨资建设仿古建筑并非难事，要维系古镇持续发展的生命力却最为不易。古镇旅游的生命力，在于文化体验，在于对原住居民生活方式的保护，在于对古镇空间格局的维护，那些摒弃古镇原生态生命力的开发建设，都走得不长远。

黄龙溪古镇位于成都双流，距离成都仅40分钟车程，有着1700余年的历史，自20世纪90年代以来不断开发建设，古镇赢得了一系列的名誉，包括十大水乡古镇之一、国家4A级旅游景区、"中国天府第一名镇"，2011年荣获"四川最美古镇"大奖等等。或许是为声名所累，总让游客觉得名不副实。从硬件设施来看，似乎还能担负最美小镇之类的名声，但仿古建筑里的商业业态，以及总体的文化品位，却难负盛名。一条300米的小街上，就有五六个虚张声势的5D小电影商铺，小吃餐饮也是千篇一律的小鱼干小水吧，要不然就是质量低劣的小商品，毫无特色可言，这些东西在全国任何一个城乡结合部都能买得到。

购物无疑是带动古镇旅游产业链的关键要素，在交通不发达的年代，去外地旅游顺便购买当地特产是一件惬意的事。然而现在交通发达，电子商务来势汹汹，古镇的旅游特产如何设计、开发、销售，并以此带动当地特色产业链，是各地方政府要面临的大问题。

看得出来，无论是景观、建筑还是小品，黄龙溪都是一板一眼地按照标准的古镇旅游开发策划布局，古镇的商户也在尽力迎合游客的需求，为何还让游客有如此失败的旅游体验呢？形似容易神似难，一个过度商业化的古镇，注定会失去原本的生命力。

古镇的形成有非常深厚的历史传统，急功近利的古镇开发往往会丢弃掉那些历史文化传统。中国积淀数千年的城池村落选址，强调天、地、人、景的和谐交融，城镇与山水的格局，房屋与街道的尺度，更多地融入了人的行为和感受，具有丰富的空间层次和多元的文化类型。对宗教的需求产生了庙宇，对于信息的交流沟通需求产生了会馆，对小手工业的生产需求形成了前店后坊的作坊……可见，庙宇、会馆、作坊的位置和布局，都有其历史的原因，街道上的商业业态的配置也是市场不断选择的结果。遗憾的是，现在商业化的古镇多交由政府投资公司或房地产商统一开发，庙宇要么缩减规模，要么被拆，会馆要么被改成旅馆酒吧，要么放在那里作静态的展示……这一切都丧失了古镇的多样性和文化韵味。

古镇的生命力，不仅体现在古镇的格局、建筑形态等有形资产的保护，更重要的是对传统生活习俗等无形资产的保护。老街老屋、老树老人，传统的生活方式和习俗，与古镇的空间形态相结合……才是城市生生不息的生命力所在。

## 贵阳超级大盘的超级问题

疯狂而大规模的开发建设，不免让人为贵阳这颗高原明珠心生忧虑：这个只有400万人口的西部省会城市，会成为下一个鄂尔多斯吗？它的财政收入能支撑房地产下滑带来的后果吗？它错落优美的地形地貌会在建设狂潮中消失无影吗？……在实地考察了贵阳的城市建设和房地产开发后，我认为，这样疯狂的超级大盘建设，或许会给这个城市带来超级麻烦的问题。

追根溯源，超级大盘的建设模式，源于地方政府偏好的大规模土地供给模式。一般来说，地方政府更倾向于控制土地供给量以抬高地价，获取更高土地出让收益。但在贵阳,由于财政规模有限,地方政府无力进行土地整理和市政投资,于是选择了让渡土地收入,借助社会资金,以超级大盘的路径快速实现市政基础设施建设和城市升级改造,即规划出千亩以上的大地块,然后寻找有实力的开发商,将此地块上的土地征用、拆迁整理、安置房建设和市政配套工程,一并交由开发商完成,而这原本应该是由政府承担的土地一级开发,企业完成土地整理后,政府也会确保开发商在地块"招、拍、挂"中取得土地的二级使用权。

如此这般通过"一二级联动开发",合理规避不利的游戏规则,政府和房地产商达成了利益交换和互惠合作。

然而,开发商毕竟不是政府,它的出发点当然是商业利益,考虑的是如何以最小的成本获取最大的收益。

当房地产商争先恐后地追求利益最大化时,最后损害的却是整个城市的竞争力,地方政府收获了短期的土地出让金,损失的是长期的财政收入。

从人口规模和城市规模的对比来看,贵阳最让人担心的还是人口支撑,据统计,仅贵阳在3年内上市的这些百万平方米以上的大型楼盘,就可以为贵阳提供接近300万人的住房,而贵阳市的总人口仅为400万左右,按照目前的建设速度,不用到2020年,未来3到5年贵阳市城区的房子最少能满足500万人居住。因此,无论是贵阳市政府"五年150万新增人口"的规划,还是开发商"十年新增600万人口"的豪言壮语,都过于乐观了。

纵观整个贵州省，总人口超过百万的城市屈指可数，加之贵阳市的经济基础相对薄弱，要吸纳外来人口光凭借气候和生态，显然太过片面。因为人口聚集到城市的理由，并不是城市里有很多房子，而是城市能够给人带来更多的机会，能够带来更多的财富。显然，贵阳把重心都放在造城上了，反而忽略了最核心的人的需求。

## 封闭式小区如何推倒最高的围墙?

　　《中共中央 国务院关于进一步加强城市规划建设管理工作的若干意见》(后简称《意见》)近日印发,作为中央城市工作会议的配套文件,《意见》勾画了"十三五"乃至未来一段时间中国城市发展的具体"路线图"。

　　其中引发争议最大关注最热的一条规则是推广街区制。《意见》提出,我国新建住宅要推广街区制,原则上不再建设封闭住宅小区。已建成的住宅小区和单位大院要逐步打开,实现内部道路公共化,解决交通路网布局问题,促进土地节约利用。另外要树立"窄马路、密路网"的城市道路布局理念,建设快速路、主次干路和支路级配合理的道路网系统。

消息一经发布,引发热烈讨论,各路专家从不同角度来表达自己的观点,由于涉及对私有权益的保障,最高法院也快速地回应了如何制定规则保障业主权益。当小区业主和《物权法》已经哭晕在厕所里时,作为一名城市研究学者,我更愿意从城市规划的视角来谈谈此事。

中国的城市规划和建设受苏联的影响颇深,封闭式小区不过是新中国成立后大院式规划的翻版。以北京为例,1949年新中国成立后,大批革命成功者打下了江山,从天南海北聚集到了北京,大批的办公楼、住宅楼在北京拔地而起,苏联不仅影响了中国的意识形态,还影响了城市的建筑风貌,还影响了城市的规模和尺度。一个大院占地动辄数十上百公顷,形成了一个个的独立王国。

时间追溯到改革开放以后,大规模的土地出让加剧了大体量封闭式小区的建设。许多城市动辄数十平方公里的土地挂牌出让,对地方政府而言,可以快速地收入大量的土地出让金,开发商可以降低成本规划私密的小区空间。这在土地私有化的西方,是不可思议的。中国一个小区通常占地达12~20公顷,内含2000~3000户;而美国的封闭式社区平均只有291户,其中有一半只有150户或更少。

从农耕社会发展到现在的社会主义初级阶段,中国仍然是一个围墙社会:绵亘万里的长城、城池上的城墙、单位机关里的院墙、各种小区里的围墙……与美国人持枪自保相比，筑高围墙似乎更为明智。大体量的土地出让，加上大项目的风起云涌，中国大地上的各色大马路、大广场、大社区、大循环，规模过大的院落把城市割裂开来，形成一个个封闭的单元，成为阻碍城市微循环的巨无霸。

某种意义而言，封闭式小区华丽变身为街区制小区，似乎是对原有的错误规划理念的改弦更张。《意见》也强调小区道路公共化的主要目的还是在于集约利用土地，优化城市道路布局，最终指向在于治堵和防堵。

那么，如何推倒小区最高的围墙呢？既然这是一条势在必行的政策，批判的声音已经够多了，我们不妨来看看是否有建设性的意见。

街区制是西方国家通常采用的城市规划建设方式，实际上是城市主干道围合、中小街道分割、路网密度较高、公共交通完善、公共服务设施就近配套的开放街区模式。与中国的封闭式小区最主要的区别，在于规模、体量和多样性上。

从规模和体量看，西方国家土地私有制，无论是政府征收还是开发商购买，都需要花费大量的时间成本和收购成本，根本无法进行动辄容纳数万人口的小区建设，基本都是顺应既有的道路格局进行小体量的社区建设。从谷歌地图上看城市的肌理，西方城市大多区块小、道路细而密，中国城市则是大型项目大型建筑此起彼伏。要推行街区制，首先要从土地出让模式做出改变，改大体量大规模的土地出让模式为小体量的土地出让模式，在道路修建、绿化、市政设施方面政府应该承担更多的公共责任。

街区制的第二个特点，是简·雅各布斯一再强调的城市的多样性。即街区既要提供居住，又要有丰富的商业配套和休闲配套。将住宅与外部世界全面打通，形成一个没有围墙的开放式社会。要实现这样的多样性，中国需要破除的瓶颈是土地性质的混合使用。拥有10万人的巨无霸小区天通苑，容纳了类似于国外一个中等城市的人口规模，居住在以小区理念规划设计的社区中，功能单一，以居住为主，要有些娱乐购物休闲功能，须破墙开店，何等艰难？恐怕最大的阻力就来自于国土部门和住建部门。

要在封闭式小区打通一条道路并不难，难的是规划理念的改变，以及权益保护规则的完善。要推倒封闭式小区的围墙，既要推倒业主忐忑的心墙，更要推倒城市规划和建设者们的理念之墙。

如果，这一切都能不断完善，我无比期待围墙推倒后的多彩世界。

# 第五部分

# 多元的城市要素分析

单调,是街道最大的敌人;单调,也是城市最大的敌人。多元的文化和产业,会投射在城市的建筑、街道、小品、交通工具等各个角落。以"多样性"为尺子,来探析古镇、开发区、大学园区、公园、旧城新区等各种城市要素,不难发现,多样性才是城市的灵魂所在。

## 南阳,被摧毁的水运古镇

中国三十多年的城镇化进程,始终没有走出山寨的陈旧模式,从沿海到内地,从一线城市到三四线城市,从城市经营到城市建设,从城市定位到产业选择,基本都是在跟风、山寨和模仿。这种跟风就是,不结合本地的实际,不辨别好坏,从摩天大楼到高架桥,从新区建设到城中村改造,好的也学,坏的也学,最终迷失了自己,走向了错误的发展道路。

随着土地财政的日益难以为继,我们将要进入后土地经济时代。在后土地经济时代要摒弃一刀切的城镇化模式,拒绝一刀切的房地产调控政策。因地制宜,自然选择最适合本地自然、资源和环境的发展模式。

笔者曾到山东济宁的南阳古镇考察,眼睁睁地看着一个个村落、一条条街道被错误的决策摧毁,再建设起不伦不类的新古镇,不免痛心疾首。囿于眼界和学识,当地官员想当然地仿照常规的城镇化模式,拆毁老旧的村庄,荡平庭院式的房屋,把农民集中在一起洗脚上楼。在他们看来,农民变市民,乡村变城市,就是城镇化,就是从落后走向现代。因此,他们大片拆除村庄、老旧宅子,希望为开发商和投资商扫除发展的障碍,然而,开发商投资商并没有如政府所愿前来投资建设,运河两岸只留下大片被拆除的房屋废墟,犹如刚刚经历过战火摧毁，村民也失去了世代居住的院落宅子，被强迫住进了千楼一面的"农民新村"。这样的农民新村在神州大地上随处可见，千篇一律，毫无生命力，与当地居民原有的生活方式毫无关系。

看到此情此景，笔者心中不免叹息，不断地追问和思考：在中国，什么才是好的城镇化模式？

南阳古镇是典型的封闭式内生经济，四面环水，京杭大运河穿城而过。明清水运兴盛之时，南阳也曾是繁华的商埠。"渔船、酒船、商船，往来相接，群聚檐樯林立如街市"。北来运大豆、羊皮、煤炭的船只，南来载糖、纸、竹器、丝绸、煤油的船只，都在这里停泊，一时号称"小苏州"。在繁盛时，南阳镇曾有皇宫所、皇粮殿、二爷庙、火神庙、魁星楼、文公祠、禹庙、杨家牌坊、不沾地旗杆等30多处名胜古迹。清政府曾在此设守备及管河主簿，乾隆下江南时，也曾在镇上大户人家居住，现在仍保留其驻足的宅子。

随着水运的没落，南阳镇的衰败也不可避免，但是仍然保留着水乡的特色。80多个村庄星星点点地散落在15万亩湖面上，或以莲荷相接，或以苇田相连，或以明水相通，出镇下村，走亲访友，都依靠船只出行，船只是如同小汽车一般重要的交通工具和生活器具。几乎每个南阳镇的居民，都熟悉水性、精于划船捕捞。除了常规的生活用品之外，小镇上交易最多的东西便是鱼虾、螃蟹、莲子、莲藕之类的水产，老实本分的居民，便是依托湖里出产的东西为生，稍有野心的居民，便购置大货船，来往于京杭大运河，运些砂石或特产谋生。

南阳城镇化的步伐仍在按部就班地继续，人口在增多，城镇的面积在扩大。如今镇上有居民15000余人，面积3.5平方公里。这里的人们，无论是生活方式，还是谋生的依靠，都离不开这片水域，如果不是镇政府要发展旅游，南阳镇的人们仍然可以惬意地以水为生，而现在，他们不得不居住在格子间一样的农民新村中，失去可以晾晒鱼虾的院落，失去制作渔网渔船的场地，失去前店后坊的小商业业态……过着一种与原有的生活方式迥异的城市生活。实际上，从经济发展程度、到心理的适应过程，再到生活方式的转变，对当地居民而言都太过突然。

可悲的是，南阳不过是中国城镇化的一个缩影。很多区域正在以发展的名义，大肆地摧毁着城市和乡村。

改革开放以来，中国城镇化进程一直保持高速发展。从1949年初的10.6%，到1978年的18.9%，及至2011年的51.27%，我国城市化率几乎以每年一个百分点的速度增长，城市总数增加至655个，我们用30年时间走完了西方发达国家上百年的城镇化历程，这些光鲜的城镇化数字背后却是众多城市和乡村的悲鸣。

一些城市甚至在不断经历拆了建、建了拆的轮回。西安、大同等众多历史名城，在无情地毁掉自己的古代城市遗产很多年后，突然"悔悟"，又再一次毁掉自己积累了几十年的近现代城市遗产和人居社区，重新用现代材料，修建仿古城市，原本尺度宜人的街巷、院落在推土机的轰鸣下支离破碎。

不仅如此，快速的城镇化也摧毁了农村的社会生活结构、邻里关系和就业基础。留守老人、妇女和儿童数量持续增长，六成以上农村成空心村……经济发展的成就似乎正在不断被"大干快上"的城镇化引发的恶果所抵消。

由政府主导、以拆迁改造为标志的快速城镇化完全搅乱了市场发展的节奏，使得城市处于一个无序的发展状态中，整个社会阶层处于一种动荡不稳定的状态中。实际上，城镇化的发展从来都不是一个政府乃至个人就能主观决定的，城镇化是一个社会经济演进的过程，而不是像大多数经济学家想象的那样，是一个可以追求、可以被塑造的结果。

从城镇化的演进过程来看，一定要伴随着人口、产业、资源，知识的集中和变迁，这是一个系统的工程，缺一不可。类似于南阳的强制城镇化过程，不过是对原有的经济生态、社会生态和环境生态的破坏和摧毁，这样的行为只能带来城市经济的倒退。

讨论至此，答案似乎很明了，自然而然本土化的城镇化模式，才是好的城镇化模式！未来中国将进入后土地经济时代，传统的由政府强制推进的粗放"土地城镇化"战略必须得到调整和纠正，如果政府在城镇化道路上的激进情绪得不到有效控制，很可能会给全社会带来灾难性的后果。

# 清迈，城市活力源自多样性

据泰国旅游部门估计，2016年中国春节"黄金周"期间，赴泰中国游客将至少达到100万人次，其中大多数会前往清迈、普吉等旅游胜地。清迈，是泰国北部的宗教、经济、文化、政治中心，素有北方玫瑰之称。这座泰国第二大城市，是一座城市面积大约有40平方公里，人口有20万的古老城市，2015年酒店平均入住率高达80%，接待了大约1000万本地和海外游客，其中中国游客大约有60万。

猴年春节期间，清迈同样迎来了海量的中国游客，机场和热门景点都增加了许多服务中国游客的志愿者，餐馆

的菜单上大多有泰、英、中三国语言标识,就连嘟嘟车的司机、夜市上的摊贩都能用不太熟练的中国话招呼游客来"买、买、买","看、看、看"。为了迎接猴年春节,清迈政府还举办了清迈文化节,白天有花车游行,晚上则是露天歌舞表演,无论是当地人还是中国游客,都在投入地庆祝中国的传统节日。

这座有700年历史的古老城市,何以能吸引海量的东西方游客呢?笔者在2015年春节期间去清迈度假,真实感受到了"泰北玫瑰"的独特魅力。

清晨的阳光洒在古老的城墙上,已经有人沿着护城河的步行道开始跑步了,背包客拿着地图,寻找着徒步旅游的路线。三轮人力车、嘟嘟车、自行车和摩托车,各色交通工具在道路上来来往往,人们奔向不同的目的地。无论你是达官显贵还是平民百姓,无论你是学生还是白领,都能享受这座城市的阳光、空气与平和。从宁静的清晨,到喧嚣的夜晚,从山间的林荫小路,到步行街旁的酒吧,你都能感受到这座城市的活力。一切都近在咫尺,触手可及。

清迈的活力,来自于多样性。

清迈的街道,是雅各布斯眼中典型的具有"多样性"的街道。无论是老城还是新城,清迈城区的街道窄而密,尺度适中,路网四通八达,"share the road"的标识随处可见,虽然没有严格划分的自行车道步行道,却鼓励相互谦让混合使用。当然,如果道路仅仅拿来作交通使用,未免太单调和奢侈了。老城的东西向主干道塔佩路,白天各色交通工具你来我往,行色匆匆。到了晚上,街道则呈现出另外一幅热闹面孔。

在塔佩路两端用围栏挡住车辆,白天的主干道变身为著名的"周日夜市"。与国内旅游街区千篇一律的旅游纪念品不一样的是,清迈的手工业很发达,所见之处,都是充满了创意各具特色的手工艺制品,增加了逛街的趣味性,让人欲罢不能。除了常规的卖小商品的摊贩以外,白天还是庄严肃穆的寺庙,也被改作了餐饮街区,供游客购物之余,也满足口腹之欲。当然,著名的泰式按摩少不了,胡同小巷旁的路边简易"马杀鸡",两条凳子,几滴精油,就能让疲惫的身体恢复活力。道路的中央,还会出现民间艺人的身影,或是花甲老者,或是可爱儿童,或是残疾人组成的乐队,每隔一段距离都会出现他们的身影,或吹拉弹唱,或翩翩起舞,娱己娱人,展示自我的同时也能补贴家用。

这条繁忙的街道,热闹而有序,很少能看到垃圾桶和管理者的身影,在夜市快要结束的时候,才在十字路口看到两三个警察的身影。每个摊贩都有自己的垃圾收集袋,待夜市结束以后,将垃圾统一放置在一个地方,由清运人员处理。

清迈有三个夜市,它们已经成为这个城市旅游和生活的一部分,成为反映当地民俗、文化和商业的风景线,也是清迈旅游经济的重要组成部分。市政当局对摊贩的管理原则是"弱势群体的生存权更重要",有专门的部门负责对摊贩进行登记和管理,并在指定的街区摆摊。小摊贩要有许可证,每年更新一次,象征性交一定的费用,大约合人民币 20 元。除此之外,所有的路边摊贩都不用交税或管理费。低费用与人性化的管理,成就了清迈旅游经济的繁荣。

与街道的多样性相一致的,是清迈文化的多元和包容。走在街道上,你能看到东方人、西方人、僧侣、游客、商人、少数族裔、同性恋者等不同人群,大家随意相处,各寻欢喜。清迈有泰、华、苗、瑶、阿卡、傈僳、克伦等众多少数民族,居民大都笃信佛教,城内遍布古色古香的寺庙殿堂,恢宏的佛教建筑与平民百姓的房屋错落相间,声色犬马的世俗生活与充满禁欲感的佛教传统比邻而处,交相辉映。

正如雅各布斯强调的,"单调是街道最大的敌人",文化的多元和包容,映射在这个城市的建筑、道路、交通工具等各个角落。人性化的政府之手,自下而上生长出来的街道,对本地人和游客,都充满了趣味性和吸引力。对比起国内自上而下严格规划出来的仿古街、步行街而言,高下立现。

## 误入歧途的旧城改造

　　自从保障房建设和棚户区改造成为地方政府的考核重点，几乎每个地方，都把棚户区、城中村的改造，放在了相当重要的位置。然而，对于城中村的改造模式，是推倒一片，重建一片，还是赋予更多权益，让它焕发活力，却存在着极大的认识偏差。
　　城中村是中国城镇化发展的伴生产物，许多地方官员把城中村看作影响城市面貌的毒瘤，欲除之而后快。然而，在桑德斯《落脚城市》的著作里，却赋予城中村很高的评价。"落脚城市"（Arrival City）是作者创造的一个新词——乡村移民进入城市前的落脚地。为了成为城里人，他们奋斗在这些位于城市边缘或中心的"飞地"。2010年起，这位加拿大人走访了五大洲二十多个乡村移民社区，完成了这部纪实作品。

桑德斯成长于多伦多一个城中村社区，许多邻居的祖辈来自中国、越南、葡萄牙、希腊等地的贫困农民家庭。这些外来移民常常是一家几代挤在一间十来平方米的小屋里，从借钱开一间小店铺开始立足发展。政府并没有强行拆除这些看上去不怎么体面的小店，也没有"户口"限制，任其自由生长。移民挣来的钱一部分扩张店面、购买房屋，一部分寄回老家，剩下的投入下一代教育。渐渐地，这个城中村通过自身"造血"，融为城市的一部分。

在桑德斯的眼里，城中村具有顽强的生命力，为那些来城市奋斗打拼的人们提供了落脚的地方；城中村也是未来城市繁荣的必经之地，是繁衍未来的中产阶级的落脚之处。遗憾的是，在中国，许多地方官员还没有意识到城中村的生命力和自然发展对于城市未来的重要性。

中国的城中村具有一些共性：一是多位于城市边缘地带或城乡结合部；二是这里多数基础设施匮乏，城市环境较差；三是土地和房屋的产权大多属于村集体；四是私搭乱建严重，城市建筑形态丑陋等特征。

实际上，"城中村"的存在，最大的因素来源于我国的土地所有制。如果没有集体用地和国有建设用地的区分,可能"城中村"的存在也就没有任何依据。按照中国的土地管理规定,形成开发性的建设用地,必须由县级以上的政府将农村集体土地征为国有,转换性质,才能将土地进入一级市场开发。可是,当城市扩展到城乡结合部的农村时,由于担心拆迁成本的问题,开发商会绕过一些农村集体建设用地,在周边寻求低成本的发展。这些无意中保留下来的集体用地,已经有小城镇的空间形态和生活方式,性质上却是集体产权。

保留下的村庄,可能是被城市规划和开发商遗忘的角落,却在市场中、城市开发的夹缝中寻找到了自己的生机。村庄可以自己在建设用地上办企业,盖厂房或其他经营场所,农民可以加高自己的住房向外来人口出租住房,或者是自己开店铺。久而久之,村民和村集体虽然没有拆迁补偿的款项,却都有租金的收入,分享着城镇化的红利。

"城中村"因为兼具城市和乡村两种特性,呈现出复杂的利益格局。一方面位于城市边缘,当地的生活方式和收入来源完全城镇化,脱离了农业和农村,另一方面建筑形态、建筑标准和基础设施的供给仍然是"村庄"的水平。某种程度而言,城中村是当地农民和地方政府博弈的产物。

城中村的建设是违法或者违规的,农民在胆战心惊的状态中不敢高标准的投入,因为补偿只是按面积,而不是按质量,何况政府认定的非法建筑。这就导致农民的建筑和经营只是短期行为,只要达到了增加补偿面积的目的,没有必要再提高质量要求。这些"短平快"修建起来的房屋建筑,基本只面向低收入的外来流动人口,他们难以承担高标准的建筑和经营场所的租金,失去了这些主要客户,农民的收入会有较大的影响,所以也影响到农民投入改造标准的积极性。城中村的基础设施,并没有大市政的配套支援,由于基础设施的不配套,使得"城中村"的环境脏乱差,公共设施不健全,更显得像是农村。从投资上看,房屋和土地的产权匮乏,房屋和土地都不能作为贷款抵押,因此没有外来投资者愿意涉足此地,农民也缺少贷款来改善住房和基础设施条件……在许多因素的综合作用下,"城中村"也在城市开发和扩张的大趋势中,成了另类。时间拖得越久,越成为城市管理者心目中的"老大难"。

那么,对于城中村的存在,是赋予更多的权利或发展机会,还是不顾一切地强制拆迁?这成了地方政府的两难选择。

强制拆迁,可能引起上访和群体性事件,影响社会稳定,这可能是许多地方政府不愿意看到的。实际上,如果我们把城市看作一个有生命力的有机系统,给予城中村更多的权利,保持其原有的生命力,会给这个地方带来更多的发展机遇。

一是让农民分享土地的红利。很难想象,北京旅游必到之处后海酒吧街,就是城中村变迁的偶然结果。北京的什刹海周围,原来也是北京贫民比较集中的地方,因为规划控制楼房高度,改造的成本太大,没有开发商愿意涉足这个地方。"非典"时期,一些人看中了这些地方人流较多,可以开酒吧,获得高额收入。这些有经济头脑和有一定经济实力的人就与原来的房屋所有者、贫民阶层进行谈判。要么给予较高的补偿,要么分享酒吧街的股份,结果是原来的房主高高兴兴地拿着补偿或者股份搬走了,而新来的经营者也搞到了一块"风水宝地"。最终的结果是,什刹海从一个根本没有夜生活的地方变成了北京夜生活的新景观。这就是让农民分享更多土地红利共同发展的结果。

二是保持和提升城中村的原有生命力。一般而言,城中村比起周边地区而言,房价和地价通常较便宜,这可能就是城中村未来发展的生命力。笔者曾到福建中部沿海某市调研,当地有一条在全世界都闻名的电子一条街,就是低成本发展繁荣起来的区域。此处的电子一条街前身是村集体修建的农民新区,上面是住宅下面是商铺的小栋楼房,因为村民嫌风水不好拒绝入住。村集体为了带动人气发展,免了一年商铺租金,引得许多大学生和创业者前来,一时热闹非凡,发展成为面向全球贸易的电子商务一条街。渐渐地,当地村集体获得的不仅是租金,还有源源不断的财税收入。

城中村的发展问题,并不在于是谁来建设和规划,关键在于是否给予了他们建设和规划的权利,是否承认村集体对于土地的所有权和经营权。城中村的发展也并非只有大拆大建"华山一条道",只要因势利导,让农民参与其中,保持和提升区域原本的生命力,城中村的开发建设,是自然而然水到渠成的事。

## 开发区的关键是产城融合

国家新型城镇化规划推出以后,重庆、安徽、江苏等地都提出要走"产城融合"的城镇发展路径。如东、常州等地也开展了"产城融合综合改革试点"的工作。

一直以来,中国的城市规划思想,深受苏联模式的影响,条块分割泾渭分明地把城市划分为居住区、政务区、产业区、商务区等区域。随着城市规模的逐渐扩大,一个人如果要完成居住、娱乐、购物、就业、办公等需求,需要跨越无数个区域,增加许多时间成本和交通成本,尤其是上下班产生的潮汐人流,更是加剧了空气污染、交通拥堵、人口膨胀、无序扩张等城市病患。

而要实现产城融合,最重要的就是规划思维和发展理念的转变,从原有的条块分割的单一功能分区思想,转变为"以人为本"的多元功能的城市规划思维。

人在城市中工作生活,需求并不是单一的,即便是在工业园区上班的工人,也有购物、休闲等需求。因此,产城融合并不是一刀切地把工业区变为居住区,或是在居住区里加上产业配套。而是要根据城市不同区块的现状,围绕在其中生活的人的需求,分门别类地完善相关功能配套,达到产业和城市的完美融合。

因此,不同的区域,不同的产业,产城融合的重点是不一样的。

首先,新老城区的产城融合重点是不一样的。老城区主要面临着基础设施配套陈旧,旧城区被大量拆除等问题,因此,老城区的产城融合重点在于城市文化的传承保护,下水道、垃圾处理等城市功能的完善提升。而新城区的问题主要在于人气不足,超市、娱乐等配套设施不足。

其次,不同性质的开发区,产城融合的重点也各有差异。我在各地调研经常看到一些已发展近十年的成熟开发区,因为规划为单一的开发区,一栋栋厂房并排林立,白天工人在厂区上班工作,晚上工人回到居住区,整个开发区在白天夜晚都没有什么人烟。对于这样的开发区,就应对其中的企业进行梳理，对于综合效益好、没有污染的企业保留发展，对于高污染高能耗和效益不佳的企业，则适当进行腾退，建设为商业、居住或公共服务配套设施。

本质而言，产城融合，是对城市的相关要素进行整合，以更好地服务于在其中生活的人的需求。我们需要从城市功能、土地性质和行政体制三方面进行整合。

一是对城市功能进行整合。产业新城、政务新城、居住新城、商务新城等名目繁多的新城，并不是单一的城市功能区，还应具有多样化的城市功能，使得居住在各区域的人能够方便地实现居住、购物、娱乐、消费、休闲、治病、就业、上学等多种需求。

二是对土地性质进行整合。多元的城市功能，对应的是多元的土地利用格局。我们经常会在许多城市看到类似的土地规划图，在工业园区里几乎全是棕色的工业用地块，在居住区里几乎全是黄色的居住用地块。要实现产城融合，就要避免大规模的单一性质的土地利用规划，进行相应的土地性质调整。

三要对行政体制进行整合。产业发展和城市建设，对地方政府而言，分属发改局、住建局和国土局等不同部门管理，产业规划、城市功能调和土地性质整合，需要三大部门步调一致。同时，在许多开发园区，往往会单独成立管委会负责园区产业发展，园区所在地的城镇，负责社会管理，这往往会出现行政壁垒或多头管理的层面。因此，要推动产城融合，在行政层面和部门层面，需要加强在产业规划、土地利用、基础设施建设、交通运输通道等方面的统筹协调。

作为新型城镇化的重要内容之一,产城融合并非是又一轮城市大跃进的宣传口号,而是从人的需求出发,对相关要素进行整合,从而真正实现"城市,让生活更美好"。

## 流水线上的大学园区

从20世纪90年代开始,在各地陆续掀起了建设大学城的热潮,据统计,从1997年到2009年的十多年时间里,高等院校数量从1020所猛增到2305所,大多数占地都在10~20平方公里,截至2004年,全国规划建设的大学城达50多座,涉及21个省、直辖市。

大学城的建设热潮,与地方政府建设新区新城的热情,多交相辉映。一般而言,引进大学或职业院校,几乎是带动新城建设的标配。20多年过去了,当年"大干快上"的大学城，在选址、建设规模和尺度、功能配套等方面，存在诸多问题。

首先，是选址偏离城市。大学校园的土地，大多象征性地交少量土地出让金，地方政府往往会留着地段较好的土地用于商业开发，把远离市中心位置不好急需造人气的土地，留给大学园区。如东方大学城、东莞大学城，有的距离主城或中心城镇过远，由于教师绝大部分都住在主城区，不得不依靠校园车辆上下班，大大增加了城市交通压力。新校区的区位选择不当，与市区的距离过远，削弱了教育发展的后劲，也不利于学生融入社会。

其次，是大学园区的建设规模过大。由于地段偏远，地方政府在划拨土地时都相对大手笔，很多新校区的规划规模超前，征地面积巨大。广州大学城规划面积达43平方公里，南京江宁大学城占地也达到30平方公里。规模庞大的大学城，使得建设投入也超规模，广州大学城投资多达300亿元，南京仙林大学城投资50亿元。庞大的建设规模，使得校园里的建筑物，以及校园外部空间的尺度较以往有成倍的增长，过大的空间尺度淡化了校园的文化和生活气息。

第三，大学园区内部及周边的配套欠缺。因为地段偏远，大学园区与所在城市普遍缺乏互动联系。通常情况下，大学城主要从发展大学教育和学术研究的教学功能上进行设计，在居住休闲功能、公共服务功能和高科产业功能上的设计都非常欠缺，大学城作为城市发展动力源泉，作为城市不可或缺的一部分等相关功能很少体现，以至于假期时大部分学生离开后就成为"空城"、"死城"。对于在其中生活学习的学生而言,大学校园并非充满美好回忆的地方,反而像牢笼和监狱。

本该是城市活力源泉的大学校园,反而成了城市中的孤岛。

如果我们对大学城规划建设的理念追根溯源,就会发现,在建设之初,许多地方政府采用工业园区建设的思路,把大学城当作孤立的开发园区来规划和建设。

实际上,高教园区跟城市之间存在非常紧密的关系。对于城市来说,大学是一个文化机构、文化组织,是城市中最重要的一个有机组成部分,有助于提升城市的品位,提升城市消费水平和消费质量。大学里充满活力的学生、老师和研究人员,这些高素质的人口,会给城市带来无穷的活力和创意。

一个自发生长起来的大学园区,是城市的宝贵资产。

牛津大学城位于英国南部,距伦敦约90公里。牛津大学城不是源于规划设计,而是源自早期学术活动的集结、知识分子汇聚而发展形成的。大学和城市发展融为一体,大学内的公园、博物馆和动植物园等均对公众开放,并为市民举办讲座、展览、参观等活动。大学作为城市发展的原动力,带动了商业、住宅、工业和高科技等产业发展。

当地方政府费尽心思招来大学院校时,应该以更开放和包容的心态,从土地出让的选址、城市配套完善、规模和尺度控制等方面系统考虑,让大学园区成为城市的活力源泉和宝贵资产,而非建设一个流水线上的大学园区。

## 以多元街区重塑城市多样性

千城一面是中国城镇化的痛,究其原因,还是受计划经济时代的规划理念至深,把城市分为商务区、休闲区、住宅区、开发区等各个板块。当城市规模尚小的时候,这样的划分没有大问题,但是当城市发展到300万、500万、1000万人口以上的规模时,就会出现交通拥堵、人口膨胀、生活不便等各种各样的城市病了,各地建造的睡城、卧城、空城,归根到底是忽略了城市的多样性。

实际上,很多国外的城市,在规划设计之初,就考虑城市的多样性了。

以巴塞罗那为例,巴塞罗那把新城区统一规划为均等的网状格局,在设计街区和建筑单体时,规定建筑底层多为沿街商铺,上层以办公和住宅为主,故而每个街区都是功能混合的,是集工作、生活、休闲于一体的微缩城市。居民能在自己居住的街区附近工作,能在工作间隙享受生活,既减少了城市的通勤交通量,也拥有了更多慵懒时光。

新加坡也如是,在土地出让时就允许开发商预留一定比例的白色地段,以保证城市的多样性。新加坡国土面积小,为了充分利用土地资源,新加坡土地利用一般采用综合使用,兼容性强,重视工业、商业功能的融合。而白色地段则是这种高效、综合的土地开发的代表。在商务园单体建筑中,新加坡规定不超过40%可以为白色用途,为以后的综合利用预留空间。

理想中的城市街道,原本是既有街市又有道路的含义,既可以供行人休闲发呆,又可供车辆交通行走。随着城市变得越来越大,可供休闲发呆的街道越来越少了,偶尔有两三条步行街区,像成都的宽窄巷子、北京的南锣鼓巷,都是人满为患,多了拥挤不堪少了闲情逸致。实际上,对于非交通要道的街区,完全可以加以规划约束,成为休闲好去处。其中一个重要举措,就是让"占道经营"合法化。

墨尔本就把"占道经营"做成了城市特色和独特风景。欧洲城市大多仅允许少数非主要道路两侧或餐饮集中街区占用道路进行户外经营活动,如阿姆斯特丹红灯区周边，墨尔本的占道却与之不同，其占道经营几乎遍及市区各个角落。而这一举措，是市中心公共空间重塑策略尤其是街道活化的重要举措。

早在2001年，墨尔本市政府在经过大量调研及公众咨询后出台了《街边咖啡馆规范》，并先后进行了两次调整。《规范》非常详细地界定了街边餐饮区域的适用对象、划定范围、营业时间等，并针对经营行为制定了严格的许可证管理制度。同时，墨尔本市政府划定了街边餐饮区域边界的统一标识。商家只能在划定的范围内经营，超出范围经营则通常会被处以高额罚款。这种被规范的占道经营，不仅不影响街道的公共属性，反而使街道活力、公共安全度借由消费者的聚集获得了大幅提升。

要保证城市的多样性，在规划之初，可以比较容易保障街区功能的融合。那么，对于已经固化的城市区域，则可以推动变更土地性质，弥补城市功能设施短板，推动空间多元利用，推动城市土地商业、居住、公共服务等功能的多元融合，一些破产企业、腾退园区、无主空地等开放空间，也可进行再利用，重塑城市多样性，增加城市活力。

这样的调整看似大动干戈，实际上是对原有城市功能的调整和完善。

以环球影城的建设为例。环球影城落户通州，将为通州带来重大的发展机遇。占地120公顷的环球影城，建成后每年将带来2000万左右的人流，这意味着该地每天要新增3~4万的旅游人群，这些大规模人流的到来，将对现有的经济形态产生巨大的冲击。

从产业的空间分布来看，距离环球影城最近的街道，应该布局为直接为主题公园进行配套服务的外围餐饮、购物和酒店住宿行业。遗憾的是，现有的街区万盛南路一带，则是大量的被围墙围合的安置房小区围墙。

对于通州区政府而言，当务之急，是对该街区的土地性质进行调整，缩小绿化带规模，增加商业设施，增加休闲空间和慢行空间，把万盛南街打造成为多元化的街区，以满足环球影城大规模人潮的需求。否则，缺乏餐饮、住宿、娱乐休闲的配套空间，随着人潮的涌入，将产生巨大的灰色经济空间以及管理难题。

中国现在许多城市患上了城市病，交通拥堵、职住不平衡，睡城空城……深层次的原因几乎都可归结为城市多样性的不足。通过建设多元化的街区，来重塑城市的多样性，才能使我们的城市更具活力。

# 公园综合体与菜市场的创新

　　除了街区以外，传统上只种些花花草草的公园，也可以进行多元化的利用，打造成为公园综合体。

　　近年来城市公园越建越多，但其管理方式和经营理念，仍然是传统的计划经济时代的思维。笔者居住社区的小公园明明有东西南北四个门，为了管理方便，却只开放一个门。公园里的标配可能就是厕所、亭子、游步道、健身场地，想要买瓶水喝个茶都只能"望梅止渴"。这样的公园管理思路，仅仅是为了管理方便，却没有想到多元化的经营和利用，财政上也成为政府的包袱。

　　纽约的中央公园，一直以来被奉为城市公园的经典，细细研究，自有其道理。

　　一是规划设计兼顾多样性：整座公园占地340公顷，水道长58英里。园内包含树林、湖泊、牧场、动物园、花园、溜冰场、游泳池、运动场、剧院、广场、草坪以及一个野生动物保护区。

　　二是处理得当的园内外交通：由于中央公园地处曼哈顿闹市中心，这一地理位置的特殊性，使设计者意识到必须合理地处理好公园与城市之间的交通关系以及规划好园内的道路。中央公园四周有低矮围墙，大门在南端，全园四周有许多随意出入口，园外两侧交通十分便利。在当时为方便游人乘马车、骑马和步行来园，他们充分利用地形层次变化

设计了车道、马道和游步道系统,各自分流又具有趣味性。

三是公园里设计了丰富多样的活动。公园内除了游玩休憩外,还可以游泳、运动,观看海狮表演,此外,园内的戴拉寇特剧院是公共剧院,每年夏天都演出莎士比亚戏剧,是纽约人民的观剧好去处。

中国的公园需要借鉴其做法,设计交通路线时,将公园打造成四通八达的开敞空间,让人们可以便捷地到达。公园的设施布局,也可以更加的多元,例如小型的博物馆、图书馆这样的公共服务设施,放在公园里自然相得益彰。业态布局也可更加多元,打破公园内不能布局食品饮料等小吃摊点的规定,通过开放式空间建设,以准入形式布局多样化的业态,例如基本的餐饮、咖啡、茶室等业态,充分提高公园的利用度。

实际上,除了公园以外,传统上脏乱差的菜市场,也可以打造成为旅游新地标。

菜市场，通常是了解一个城市生活方式的好去处。印象中的菜市场，多数污水横流垃圾遍地，摊贩吆喝气味刺鼻。然而，多伦多的圣劳伦斯菜市场，就被纳入了旅游线路，也是该市的旅游新地标。在美国国家地理杂志2012年度的集市评选中，圣劳伦斯菜场击败了世界各地的竞争者，如纽约联合广场的绿色市场、加勒比的卡斯特里市场等，排名全球第一，也是多伦多市的地标建筑之一。

圣劳伦斯菜市场并非刻意为之，而是由腾退后的市政办公场所改造而成。菜场之所以称其为菜场，当然首先是实现商业价值的经济空间。琳琅满目的鱼肉、蔬菜、水果、鲜花、糕点、茶酒等，是菜场最主要的商品，无可争议占据最中央的位置。此外，锅碗瓢盆等厨房必备器具，也是菜场的衍生商品，可满足"一站式"采购需求。

与传统菜场不同的是，圣劳伦斯市场还存在着衣帽首饰的柜台以及普通办公空间，一家当地名为"West Magazine"的商业杂志社便坐落其中，而这显然得益于菜场周围环境的整洁。在营造活力城市空间方面，菜场也是故事发生的地方、信息交流的空间和承载记忆的场所：市场的过道上，摆着座椅，顾客们买了饮料和点心，面对面坐着闲聊。要使传统的菜市场，变身为旅游地标和交流场所，有序的管理、整洁的公厕、充足的停车位，这三大要素必不可少。

转变城市规划的思维，公园、菜市场、集市、街道这些公共空间，完全可以进行多元化的打造，更加的人性化，重塑城市本就该有的活力。

# 结语

中国已经步入了一个高成本的新型城镇化时代，过去三十年累积的问题逐渐显现。也难以为继。从企业到地方政府，都需要冷静反思传统城镇化模式带来的种种问题，理性客观地思考地方的城镇化模式和经济发展模式。

城市是一个有机的生命体，其生长发展，自有其规律和趋势，对于城市管理者、政策制定者而言，遵循发展规律，制定关联政策，才能事半功倍；用动态的眼光，预判城市发展趋势，预留城市发展空间，才可游刃有余。一个城市，不可能永远地建设下去，中国的城镇化，已经从规模扩张，转向质量提升；从城市建设，转向建管并抓；从土地财政，转向后土地经济；从粗放发展，转向精细管理。中国的城市研究，也需要更多元的声音，更多样的视角，客观冷静，顺势而为，共同建设一个让生活更加美好的城市时代。

# 作者简介

唐黎明女士是和君云水泉资产管理公司的合伙人,也是新锐的城市研究学者,毕业于中国社科院,获得博士学位。

她是《中国经营报》、《投资时报》、《财新传媒》、《中国经济导报》等媒体的特邀城市研究专栏作家,搜狐焦点地产产业新区论坛特邀专家,她同时还是第一财经电视、澳亚卫视等电视媒体的特约财经评论员,就热点新闻作连线点评。

唐黎明女士拥有十余年房地产公司管理、行业咨询及城市与区域经济研究经验,作为多个地方政府的政策顾问,她曾主持过近百个地方政府的城市战略、公共政策研究与产业规划项目,足迹遍布全国各地。

唐黎明女士客观独立的研究观点被《财经》杂志、华尔街日报、香港经济日报、凤凰财经等多家媒体引用,并作为特邀专家为IBM

大中华区、人民网、新华社、上海浦东干部管理学院、通州区政协、个旧市政府等机构讲解城镇化研究成果，她还是中国青年政治学院一带一路战略研究院的特聘专家。

唐黎明女士还是一个热爱田野调查的研究学者，深入到中国各地的县、乡、镇，与地方官员和当地的企业、农民密切接触，以审慎的眼光冷静观察中国的经济社会与城镇化现状。